Checker TOBI

Der große DIGITAL-Check

# SMARTPHONE, INTERNET, SOCIAL MEDIA:

## Das check ich für euch!

Geschrieben von Gregor Eisenbeiß

cbj

# Checker TOBI

## Der große DIGITAL-Check

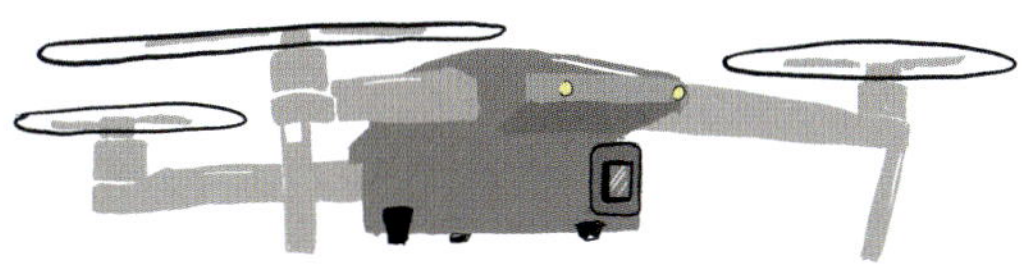

# HEY LEUTE!

Hört ihr zu Hause gerne Hörspiele auf **CD**? Bestimmt guckt ihr manchmal Filme auf dem Fernseher oder dem **Computer**. Vielleicht daddelt ihr auch ab zu mal auf einem **Tablet** und eure ganze Familie telefoniert mit einem **Handy**. Wenn ihr eure Freunde treffen wollt, sendet ihr zum Beispiel eine **Textnachricht,** und im Auto sagt eine Computerstimme, wo es langgeht. Könnt ihr euch eine **Welt vorstellen, in der es das alles nicht gibt?**

**Nein? Kein Wunder – denn ihr seid „Digital Natives".** Das ist ein englischer Ausdruck und bedeutet, dass ihr mit digitaler Technik aufwachst. Also zum Beispiel mit Computern, Handys, dem Internet oder vielleicht sogar **mit künstlich intelligenten Robotern wie meiner Assistentin Roberta.** Ihr megaschlaues Superhirn wird mich bei allen Checkerfragen unterstützen.

Es geht also um Dinge, die für dich gar nicht mal so ungewöhnlich sind, für ältere Menschen – sogar für mich – aber schon. **Für deine Eltern war das erste Handy noch total besonders,** und deine Großeltern wussten vermutlich noch nicht einmal, was sie mit dem hässlichen Ding namens Computer überhaupt anfangen sollen.

**Die Entwicklung, Computer in unser Leben einzubinden und verschiedene Dinge von ihnen erledigen zu lassen, nennt man Digitalisierung** – und die ist offensichtlich rasend schnell vonstattengegangen. Schnell und vor allem auch gründlich. Denn ohne Computer geht heutzutage eigentlich nirgendwo mehr was. **Diese Entwicklung ist noch nicht vorbei – im Gegenteil: Ein Ende ist überhaupt nicht in Sicht.**

Grund genug also, sich das Ganze mal genauer anzusehen und besser verstehen zu lernen: **Wie hat das alles angefangen?** Wie lief das Leben früher ohne Computer? Und vor allem: Welchen Einfluss hat die Digitalisierung heute auf euch, auf mich, auf unser aller Leben?

Es ist ein wahnsinnig vielschichtiges und spannendes Thema. **Mir hat es jedenfalls total Spaß gemacht, tiefer in die digitalen Welten einzutauchen – und ich hoffe, euch wird es das auch.**

## Also: Los geht's mit dem großen Digital-Check!

# COMPUTER & INTERNET

Egal, ob ich mit dem Handy telefoniere, ein Tablet benutze, am Bankautomaten Geld abheben oder einfach nur mit einem Linienbus durch die Stadt fahren will: Computer stecken überall drin!

**Das Wort „Computer“ ist Englisch und bedeutet „Rechner“.** Denn das sind Computer eigentlich nur: **Rechenmaschinen.** Allerdings natürlich mächtig große. Und mächtig schnelle. Die ersten Maschinen, die den Menschen das Rechnen abnehmen sollten, konstruierte man bereits im 17. Jahrhundert, also vor ca. 400 Jahren. Die ersten Computer allerdings, also digitale Rechenmaschinen, gibt es erst seit ungefähr 70 Jahren.

### WAS HEISST „ANALOG“ UND „DIGITAL“?

Das Wort digital benutzt man, wenn ein Gerät durch einen Computer gesteuert wird. Analog ist das Gegenteil dazu, also die Technik, die vorher benutzt wurde. Zum Beispiel ist ein Musikalbum als Schallplatte analog, als MP3 digital.

**Der erste Computer wurde sogar in Deutschland gebaut:** Konrad Zuse entwickelte den Z3 zusammen mit Helmut Schreyer 1941 in Berlin.

Und wir reden hier nicht nur von dem kleinen Kasten vorne, sondern auch von dem ganzen Ding dahinter!

**Krass, oder?**

**Aber wenn du glaubst, dass das ein großer Computer ist, dann schau dir mal an, was fünf Jahre später in den USA an den Start gegangen ist:** der ENIAC, 27 Tonnen schwer, fast 3 Meter hoch und insgesamt 140 Quadratmeter groß! So viel Platz haben die meisten Menschen noch nicht einmal in ihrer ganzen Wohnung!

Kein Wunder, dass Mathematiker, Techniker und Ingenieure bald etwas entwickelten, um das Ganze in angenehmere Dimensionen zu bringen: **den Mikro-Chip.**

Also ein Chip, bei dem auf kleinstem Raum die ganze Technik untergebracht werden kann, damit ein Computer funktioniert. Hier, so sah er aus, **der erste Mikro-Chip-Prozessor** namens Intel C4004 aus dem Jahre 1971:

**Dennoch waren die Rechner immer noch riesig.** Sie standen in Firmen und viele Menschen arbeiteten dort an einem einzigen sogenannten Großrechner. Dass irgendwann jeder einen Computer zu Hause stehen haben würde, konnte man sich damals noch nicht vorstellen. Der amerikanische Computer-Ingenieur Ken Olsen sagte 1977 sogar noch: „Es gibt keinen Grund, warum irgendjemand einen Computer in seinem Haus bräuchte." Tja. Da hat sich wohl jemand geirrt ...

## WAS IST EIN PROZESSOR?

Der Prozessor ist „das Gehirn" eines Computers und führt alle Berechnungen durch.

Seine Geschwindigkeit ist vom Prozessortyp und Fabrikat abhängig.

**Spätestens als die Firma IBM 1981 den „Personal Computer", kurz PC, herausbrachte, änderte sich das schlagartig.** Übersetzt heißt PC „persönlicher Computer" und meint, dass der Computer von einer einzelnen Person bedient werden kann. Von da an ging die Entwicklung total ab. Es wurde immer normaler, einen Computer zu besitzen – und **inzwischen hat fast jeder mindestens ein Handy, einen Laptop, ein Tablet, einen PC oder irgendeinen anderen Rechner zu Hause.**

**Jetzt fragt ihr euch vielleicht:** Wenn Computer nur Rechenmaschinen sind – wieso kann ich dann damit auch Bilder sehen, Texte schreiben oder Musik hören?

**Und woher weiß ein Computer überhaupt, was er zu tun hat?**

**Das check ich für euch!**

Checker FRAGE

# Wie spricht ein Computer?

Um das zu checken, habe ich mich mit Andreas getroffen. Er ist Professor und kennt sich richtig gut mit Technik und Computern aus. **Er hat mir erklärt, dass der Computer eine eigene Sprache hat.**

**Der Computer versteht nämlich nur zwei Zahlen: die 1 und die 0.** Die 1 steht dabei für „Strom an“, die 0 bedeutet „Strom aus“. Das ist alles.
Man nennt das **„Binärsystem“**, übersetzt: Zweiersystem. Das ist eine Art **Geheimsprache**, mit der sich Zahlen und überhaupt alles in 1 und 0 ausdrücken lässt.

**Auch Buchstaben lassen sich so ausdrücken.** Einfach, indem du jedem Buchstaben eine Zahl zuordnest: A ist zum Beispiel 1000, B ist dann 1001 und so weiter. **Eben wie bei einem echten Geheimcode.**

| DEZIMAL | BINÄR |
|---|---|
| 0 | 0000 |
| 1 | 0001 |
| 2 | 0010 |
| 3 | 0011 |
| 4 | 0100 |
| 5 | 0101 |
| 6 | 0110 |
| 7 | 0111 |
| 8 | 1000 |
| 9 | 1001 |
| 10 | 1010 |
| 11 | 1011 |
| 12 | 1100 |
| 13 | 1101 |
| 14 | 1110 |
| 15 | 1111 |

## DEZIMALSYSTEM UND BINÄRSYSTEM

Das Dezimalsystem kennst du bestimmt aus der Schule. Es verwendet die Ziffern 0 bis 9, um Zahlen auszudrücken. Dieselben Zahlen kann man aber auch im Binärsystem ausdrücken. Wie das geht, siehst du auf dem Zettel links.

Dieser Code ist für Menschen natürlich megakompliziert aufzuschreiben. **Daher wurden verschiedene Programmiersprachen wie „Java" oder „HTML" entwickelt,** in denen du die Anweisungen ausdrücken kannst, was ein Computer tun soll. **Das Übersetzen in Nullen und Einsen übernimmt dann ein Computerprogramm.** Inzwischen gibt es sehr viele Programmiersprachen, je nachdem, was du programmieren willst und was der Computer tun soll.

FRAGE gecheckt!

Mit der Erfindung der Computer wurde eine digitale Revolution ausgelöst. Aber mit der Erfindung des Internets wurde die ganze Welt auf den Kopf gestellt! Heutzutage ist es für uns selbstverständlich, doch eigentlich gibt es das Internet noch gar nicht so lange.

**Aber was ist dieses Internet überhaupt genau?**

**Das check ich für euch!**

Checker FRAGE

# Was ist das Internet?

**Erst seit gut 50 Jahren können Computer Informationen über große Entfernungen austauschen.** 1969 entwickelte man in Amerika das ARPANET. Es bestand aus nur vier Computern an unterschiedlichen Universitäten. Später wurden dann nach und nach mehr Computer an dieses Netzwerk angeschlossen. Und als gut zehn Jahre später auch in Europa erste eigene Computer-Netzwerke entwickelt waren, hatten die Wissenschaftler eine Idee:

## Wäre doch cool, die beiden Netze miteinander zu verbinden!

Dazu benutzten sie sowohl Satelliten als auch Tiefsee-Kabel, die quer durch den Ozean verlaufen. So entstanden verbundene Netzwerke, auf Englisch: **Interconnected Networks. Abgekürzt heißt das Internet.** Das war also der Vorläufer von dem Internet, das wir heute benutzen!

**Diese vielen Computer sind** alle entweder **mit Kabeln oder über Satellit miteinander verbunden.** Ein **ganzes Netz** eben. Das hat den Vorteil, dass es nicht weiter schlimm ist, wenn mal einer ausfällt. Und sorgt zum Beispiel auch dafür, dass niemand „das Internet“ einfach so löschen kann.

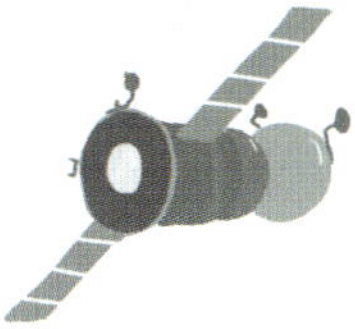

### WAS IST EIN BROWSER?

**Ein „Browser“ ist ein Computer-Programm zur Darstellung von Internetseiten. Es gibt verschiedene Browser, zum Beispiel „Chrome“, „Firefox“ oder „Safari“.**

**Trotzdem blieb das Internet am Anfang noch ziemlich kompliziert** und wurde nur von Experten verwendet. Bis der britische Forscher Tim Berners-Lee ein Programm geschrieben hat, das alles vereinfacht hat: das sogenannte **World Wide Web,** also „weltweites Netz“, abgekürzt **„WWW“.**

Außerdem entwickelte Berners-Lee auch die **Programmiersprache HTML,** um Internetseiten zu schreiben und auch ein Programm, um diese Seiten anzeigen zu können: den sogenannten **Internet-Browser. Dadurch wurde das Internet immer populärer.** Mehr Menschen interessierten sich dafür und die Technik entwickelte sich immer weiter. Die Browser wurden besser, die Seiten bestanden irgendwann nicht mehr nur aus Texten, sondern auch aus Grafiken und Bildern.

## Das Internet, wie wir es kennen, gibt es ungefähr seit Ende der 90er-Jahre.

FRAGE gecheckt!

# DER GEHEIMCODE

Hier ist eine Tabelle für deine neue Geheimsprache. Zum Üben hab ich dir eine geheime Botschaft hinterlassen …

| ABC | BINÄR |
| --- | --- |
| A | 01000001 |
| B | 01000010 |
| C | 01000011 |
| D | 01000100 |
| E | 01000101 |
| F | 01000110 |
| G | 01000111 |
| H | 01001000 |
| I | 01001001 |
| J | 01001010 |
| K | 01001011 |
| L | 01001100 |
| M | 01001101 |
| N | 01001110 |
| O | 01001111 |
| P | 01010000 |
| Q | 01010001 |
| R | 01010010 |
| S | 01010011 |
| T | 01010100 |
| U | 01010101 |
| V | 01010110 |
| W | 01010111 |
| X | 01011000 |
| Y | 01011001 |
| Z | 01011010 |

Erstes Wort

01010110 01001001 01000101 01001100

Zweites Wort

01010011 01010000 01000001 01010011 01010011

Drittes Wort

01000010 01000101 01001001 01001101

Viertes Wort

01001011 01001110 01001111 01000010 01000101 01001100 01001110

_ _ _ _   _ _ _ _ _   _ _ _ _   _ _ _ _ _ _ _ .

Surfen können wir also erst seit gut 20 Jahren. Oder Videos anschauen, online einkaufen oder einander von Kontinent zu Kontinent Nachrichten schreiben. Voll cool, oder?

### WAS IST EIN ROUTER?

Als Router bezeichnet man Geräte, die einen Knotenpunkt zwischen den einzelnen Computerleitungen darstellen. Also wie eine Straßenkreuzung. Router sorgen dafür, dass die Informationen von einem Teil des Netzwerks zum anderen richtig übertragen werden.

Aber leider hat das Internet auch negative Seiten. Denn in der digitalen Welt lauern, wie in der realen Welt auch, ein paar Gefahren, die man beachten muss.

Welche Gefahren das sind und was ihr dagegen tun könnt, das check ich für euch!

Checker FRAGE

## Gefahren im Internet: Wie schütze ich mich davor?

Dem Computer gefährlich werden können vor allem sogenannte Viren. Das kennt ihr von euch selbst, wenn ihr eine Grippe habt. Bei einem Computervirus handelt es sich um kleine Programme, die sich selbst verbreiten. Meistens richten Viren Schaden an, indem sie Dateien beschädigen oder den Rechner dazu bringen, Dinge zu tun, die der Nutzer nicht möchte. Dabei gehen oft Daten verloren, manchmal wird aber sogar der ganze Computer so beschädigt, dass du ihn überhaupt nicht mehr steuern kannst.

**Einer der bekanntesten Viren nennt sich Trojaner.** Dieses kleine Computerprogramm versteckt sich in anderen, nützlichen Programmen und spioniert dann die Daten und Passwörter auf deinem Computer aus. Anders als andere Computerviren verbreiten sich Trojaner aber nicht von selbst, sondern werden meist aus Versehen von den Nutzern selbst installiert.

**Zum Glück kannst du dich aber gegen Viren schützen:** mit einem sogenannten Virenscanner. Ein solches **Virenschutz-Programm** durchsucht deinen Computer und schlägt Alarm, wenn es etwas Verdächtiges findet. Dann kannst du die Programme löschen oder die infizierten Dateien reparieren.

**Leider schützen die meisten Virenscanner nicht vor einem sogenannten „Keylogger".** Das ist ein kleines Programm, das alles aufschreibt, was du in deinen Computer oder dein Smartphone tippst: Passwörter, aber auch sämtliche anderen Nachrichten. Um dich davor zu schützen, brauchst du ein spezielles Programm, das Keylogger findet.

Menschen, die Viren oder Keylogger programmieren und in Umlauf bringen, nennt man **Hacker.** Eigentlich ist das ein allgemeiner Begriff für **Computerprogrammierer**, inzwischen wird er aber meistens in Zusammenhang mit Kriminellen benutzt. Diese Hacker suchen gezielt die Schwachstellen in Rechnern und Netzwerken, um in Computer einzudringen und dann zu spionieren oder Schaden anzurichten. Meistens klauen die Hacker aber wichtige Daten.

**Das Schlimme ist:** Wenn im echten Leben was gestohlen wird, ist es weg – Daten aber nicht: **Der Dieb kopiert sie nur. Deshalb wird der Diebstahl oft sehr spät oder überhaupt nicht bemerkt!** In vielen Fällen benutzen die Datendiebe dann das Passwort vom Online-Banking, um Geld zu klauen. Oder sie stehlen gleich die ganze Identität eines Opfers mit Namen und Geburtsdatum, um zum Beispiel in Online-Shops einzukaufen. Die Ware bekommt dann der Dieb, die Rechnung das Opfer. **Voll fies, oder?**

# TRICKS FÜR EIN SICHERES PASSWORT

**Wegen der Hacker ist es so wichtig, dass dein Passwort geheim bleibt!** Am besten nicht mal aufschreiben und erst recht nicht auf irgendeinem Computer speichern! Sonst hat es ein Hacker ganz besonders leicht. Ein sicheres Passwort ist mindestens zehn Zeichen lang und enthält große Buchstaben, kleine Buchstaben, Zahlen und Sonderzeichen. Denn ganz normal geschriebene Wörter oder auch Geburtstage werden von speziellen Programmen viel zu schnell geknackt.

Für ein Passwort aus vielen verschiedenen Zeichen brauchen selbst schnelle Computer oft Jahre – und bis dahin hast du dein Passwort schon längst wieder geändert. Das solltest du nämlich in regelmäßigen Abständen tun.
**Dann haben Viren, Hacker und andere Gemeinheiten kaum eine Chance!**

### DEIN SUPERGEHEIMES PASSWORT

**Denke dir einen Satz mit mindestens zehn Wörtern und einer Zahl aus. Zum Beispiel:**

**Checker Tobi und Roberta haben ganz schön 1 an der Klatsche. Dann nimmst du die Anfangsbuchstaben – also: CTuRhgs1adK – und ersetzt davon zwei Buchstaben durch Sonderzeichen. Zum Beispiel das „C“ durch „(“ und das „s“ durch ein „$“.**

**Dein Passwort lautet also: (TuRhg$1adK. Sicher und trotzdem einfach zu merken.**

**FRAGE gecheckt!**

**Wenn du ein paar Dinge beachtest, sind Computer und das Internet echt wahnsinnig coole Erfindungen, die total Spaß machen. Und wie groß der Einfluss der beiden auf unser ganzes Leben in Wirklichkeit ist, schauen wir uns im nächsten Kapitel mal genauer an …**

# ALLTAG

Vielleicht kennt ihr ja den Spruch „Früher war alles besser". Meist wird er von älteren Leuten geäußert, die irgendwie mit dem Hier und Jetzt nicht mehr so ganz klarkommen. Einfach, weil sie die Veränderung, die die Zeit bringt, nicht mitgemacht haben und jetzt überfordert sind. Der Spruch ist natürlich Quatsch. Früher war nicht alles besser – aber vieles war eben anders.

**Als ich zum Beispiel noch ein Kind war und mit meinen Eltern in den Urlaub gefahren bin,** gab es öfter mal Streit im Auto. Und nicht etwa, weil ich ungeduldig war und ständig rumquengelte, sondern weil wir uns verfahren hatten. Mein Papa hatte mal wieder die Straßenkarte falsch gelesen und meine Mama war irgendwo falsch abgebogen. Heutzutage kann man die Schuld ganz einfach auf das **Navigationsgerät** schieben, denn inzwischen sagt das Navi dem Fahrer, wo es langgeht.

## Aber wieso weiß das Navi eigentlich immer den richtigen Weg?

**Das check ich für euch!**

**Checker FRAGE**

### Wie funktioniert ein Navi?

**„Sie haben Ihr Ziel erreicht“, kann das Navi nur sagen, weil das ein Computer vorher berechnet hat.** Durch Satelliten ermittelt der Rechner laufend die Position des Fahrzeugs. Die Antenne des Autos, des Navigationsgeräts oder des Handys empfängt dabei die Funksignale von Satelliten, die in 20.000 Kilometer Entfernung die Erde umkreisen.

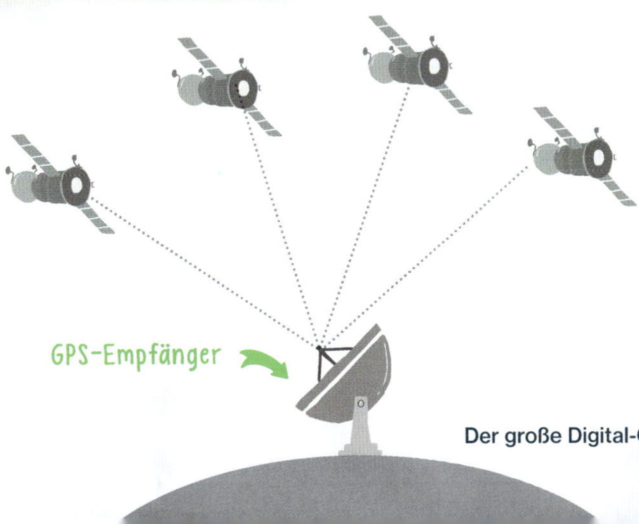

**FRAGE gecheckt!**

**Die Satelliten gehören zum amerikanischen Global Positioning System, kurz GPS.** Mithilfe dieser Satelliten kann ein Navi supergenau die Position bestimmen, an der es sich gerade befindet. Eine eingebaute Uhr misst, wie lange es dauert, bis das Signal eines Satelliten eintrifft. Und das Ding ist schnell! Es fliegt mit Lichtgeschwindigkeit, also 300.000 km in der Sekunde! Je länger das Signal braucht, desto weiter ist es vom Satelliten entfernt. **Und weil in jedem guten Navi auch Straßenkarten gespeichert sind, kann es zu jeder Zeit sekundengenau die beste Route bestimmen, um zum gewünschten Ziel zu gelangen.**

**Überhaupt hat die Digitalisierung beim Thema „Suchen" voll eingeschlagen.** Wenn ich früher etwas wissen wollte, habe ich zu Hause in einem Lexikon geblättert. Wenn dann nicht drinstand, was ich gesucht habe, musste ich zur Bibliothek. Dort war die Auswahl an Lexika deutlich größer als in meinem Bücherregal.

**In der Bibliothek habe ich mich hingesetzt und geblättert, gesucht und gelesen.** Alles in allem also ein Riesenaufwand. Heutzutage geht das viel schneller und einfacher. Dank **Suchmaschinen** wie zum Beispiel Google. Suchmaschinen sind äußerst beliebt und zählen zu den am häufigsten genutzten Diensten im Internet, weil sie kostenlos sind und es völlig egal ist, wie lange und wie oft du sie benutzt.

## Aber wie genau funktionieren Suchmaschinen eigentlich?

## Das check ich für euch!

Checker FRAGE?

## Wie funktionieren Suchmaschinen?

Wenn du einen Suchbegriff eingibst, blinzelst du kurz – und schon bekommst du Tausende Ergebnisse geliefert, in denen dein Begriff vorkommt! Die Suchmaschine hat aber in dieser kurzen Zeit nicht das ganze Internet durchsucht, das ist bei der riesigen Menge an Dokumenten gar nicht möglich. Stattdessen verwendet die Suchmaschine einen Index, also eine Art Stichwort-Liste.

### ONLINE UND OFFLINE

Ein Computer ist „online", wenn er mit einem anderen Computer verbunden ist und Daten austauschen kann. Wenn er das nicht ist, ist er „offline".

In diesem Index hat die Suchmaschine die Internetadressen von Dokumenten gespeichert, in denen dein Suchbegriff auftaucht. Wer diesen Index erstellt? Das machen wieder Computerprogramme, z. B. sogenannte „Robots" (englisch für Roboter). Diese Programme durchforsten permanent das Internet. Tag und Nacht. Die ganze Zeit. Und immer, wenn sie ein Dokument finden, was noch nicht im Index gelistet ist, nehmen sie es mit auf ihre Stichwort-Liste.

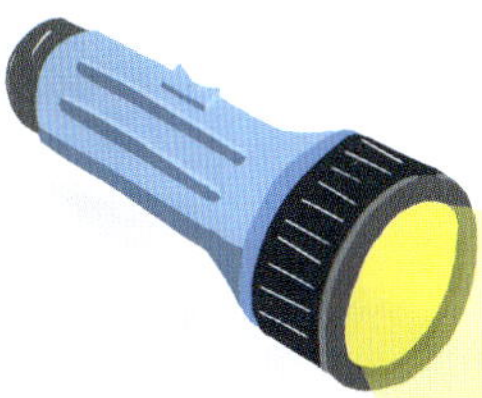

Entscheidend dafür, was ganz oben bei deinen Suchergebnissen auftaucht, sind dann sogenannte Rankings (englisch für Rangliste). Tritt dein Suchbegriff häufiger in einem Dokument auf als in einem anderen, dann steht dieses Dokument in den Suchergebnissen weiter oben.

Wenn du mehrere Suchbegriffe eingegeben hast, dann stehen die Dokumente oben, die möglichst alle Begriffe davon enthalten.

FRAGE gecheckt!

**Je eher es einer Suchmaschine gelingt, die für uns wichtigen und passenden Ergebnisse zu zeigen, desto besser.** Nicht nur für dich – sondern auch für die Suchmaschine selbst: Wenn du zufrieden bist, nutzt du sie häufiger – und das bedeutet Geld für die Suchmaschinen-Betreiber. **Denn große Suchmaschinen wie Google verdienen ihr Geld mit Werbung.**

Diese Anzeigen sehen oft ganz ähnlich aus wie die Suchergebnisse und sollen dich verleiten, auf die Seite zu gehen und dort etwas zu kaufen. Doch zumindest kannst du sie von echten Suchergebnissen unterscheiden, wenn du genau hinguckst: **Solche Art von Reklame muss nämlich immer gekennzeichnet sein. Zum Beispiel mit „Werbung" oder „Anzeige".**

**Der Unterschied zu herkömmlicher analoger Werbung ist, dass sie im Internet „personalisiert" ist.** Das heißt, sie ist genau auf dich als Person zugeschnitten. Es werden also meistens nur Dinge beworben, die dich interessieren – damit du eher dein Geld ausgibst. Ist ja irgendwie auch klar. Was bringt schon eine Anzeige für Hundefutter, wenn du eine Tierhaarallergie hast?

## KINDERSICHERE SUCHMASCHINEN

Viele Suchmaschinen wie Google zeigen auch Inhalte an, die nicht für Kinderaugen bestimmt sind, weil sie zum Beispiel sehr brutal sind. Folgende Suchmaschinen sind speziell für Kinder:

FragFinn.de
Blinde-Kuh.de
helles-koepfchen.de
kindex.de

Suchmaschinen wie Google merken sich, wonach du suchst. Deswegen wissen sie, womit du dich gerade beschäftigst oder was dich interessiert. Manche Suchmaschinen speichern sogar alle Seiten, die du über sie gefunden und aufgerufen hast. Du kannst aber zumindest diesen sogenannten „Suchverlauf“ löschen und die Einstellungen der Suchmaschine anpassen.

Doch das ist nur ein kleiner Teil dessen, was das Internet alles über dich weiß. Willst du wissen, was noch?

Das check ich für euch!

Checker FRAGE

Was ist ein digitaler Fußabdruck?

Wie im echten Leben, wenn du jemanden besuchst oder einen Laden betrittst, hinterlässt du auch im digitalen Leben Spuren: kein Telefonat, kein Internetbesuch, kein Chat und keine E-Mail bleiben unbemerkt.

Du kannst es dir tatsächlich ein wenig vorstellen wie bei der normalen Post: Du schreibst einen Brief und der Postbote bringt ihn dann zum Ziel.

Mit unseren Daten ist es ähnlich, nur dass die nicht über einen einzigen Postboten, also in dem Fall Computer, direkt zum Ziel gelangen, sondern über verschiedene Rechner in verschiedenen Ländern mit verschiedenen Netzwerken. Also ein ziemlicher Haufen Postboten die überdies auch noch ziemlich neugierig sind! Denn im Gegensatz zum normalen Postboten lesen die einiges mit und merken sich das auch über längere Zeit.

## Was ist ein Betriebssystem?

Das Betriebssystem sorgt dafür, dass der Computer überhaupt arbeiten kann. Es ist eine Sammlung von Programmen, die die Kommunikation mit den angeschlossenen Geräten wie Tastatur oder Monitor steuern und verwalten.

## Hardware und Software

Die Teile, aus denen ein Computer besteht, nennt man **HARDWARE**. Also zum Beispiel die Festplatte.

Die Programme, die auf den Computern laufen, nennt man **SOFTWARE**.

## All das merkt sich das Internet:

**1. Deine IP-Adresse:** IP steht für „Internetprotokoll“. Jedes Mal, wenn du ins Internet gehst, bekommt dein Router eine Nummer zugeteilt, die sogenannte IP-Adresse. Der Internet-Anbieter weiß dadurch immer ganz genau, wer wie lange und wo im Netz unterwegs war.

**2. Dein Wohnort:** Auch die Webseiten, die du besuchst, kennen deine IP-Adresse. Dadurch wissen sie auf jeden Fall schon mal, in welcher Gegend du dich aufhältst.

**3. Dein Gerät:** Die Webseiten können aber auch sehen, mit was für einem Gerät du unterwegs bist. Ob du zum Beispiel von einem Computer aus oder mit dem Handy surfst.

**4. Dein Bewegungsprofil:** Selbst wenn du dein Handy nur in der Tasche hast, gibst du einiges von dir preis! Das Handy verbindet sich nämlich immer mit Funkmasten. Daher weiß der Internet-Anbieter immer recht genau, wo du dich befindest. **Und wenn dein Handy eine GPS-Funktion hat, was neuere Modelle eigentlich alle haben, kann man dein Handy ziemlich exakt orten.** So kennen Unternehmen nicht nur deinen Wohnort, sondern können zum Beispiel auch darauf schließen, auf welche Schule du gehst.

**5. Deine Software:** Sie wissen, mit welchem Programm du ins Internet gehst.

## All diese Informationen nennt man „DIGITALER FUSSABDRUCK". Und weil sich viele Suchmaschinen deine Sucheingaben merken, können sich Unternehmen dank deines digitalen Fußabdrucks ein ziemlich gutes Bild von dir machen.

**Schon krass, wie viel man über dich erfahren kann, oder?**
Zum Glück kann man einige dieser Funktionen eingrenzen. Am besten bittest du deine Eltern, sich darum zu kümmern. **Datenschutz ist nämlich echt für alle wichtig!**

FRAGE gecheckt!

# DAS CHECKER-TOBI-MEMOSPIEL

**Festplatten, USB-Sticks, Chips oder Speicherkarten – es gibt viele Möglichkeiten, Daten zu speichern.** Den größten und besten Speicherplatz besitzen allerdings immer noch wir: **unser Gehirn**. Mit dem Bastelbogen am Ende des Buchs kannst du dir dein Memospiel selbst machen.Schnapp dir eine Schere und ein paar Mitspieler und schon geht's los.

# KOMMUNIKATION

Besonders stark wirkt sich die Digitalisierung auf die Kommunikation aus, also die Verständigung zwischen Menschen. Auch früher hat man schon versucht, auf größere Entfernung miteinander zu kommunizieren: durch Rauchzeichen, Kuriere oder auch Brieftauben.

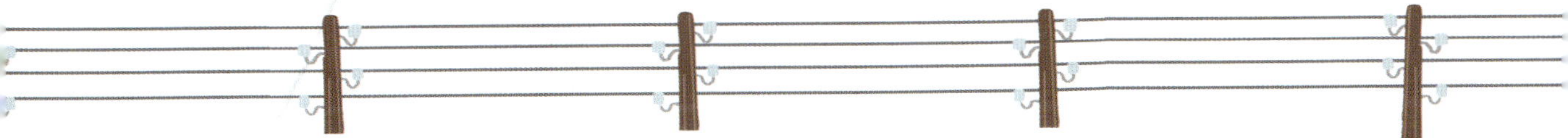

**Sonderlich praktisch war das alles nicht, aber es ging damals eben noch nicht anders.** Bis zum 24. Mai 1844. An diesem Tag ist Samuel Morse etwas gelungen, was die Kommunikation auf langer Strecke so richtig revolutioniert hat: An diesem Tag telegrafierte er erstmals eine Nachricht von Washington ins 60 Kilometer entfernte Baltimore.

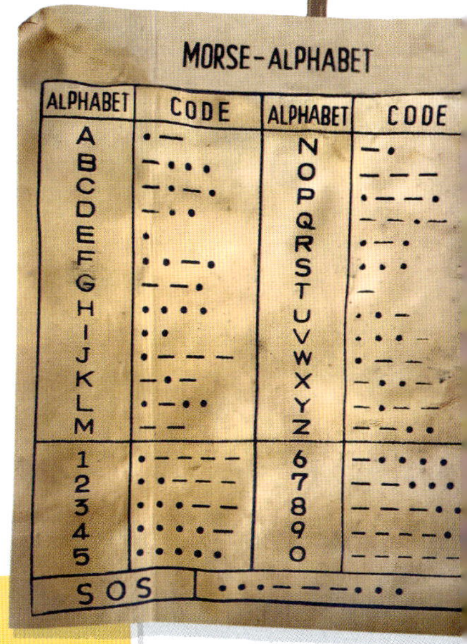

MORSE-ALPHABET

| ALPHABET | CODE | ALPHABET | CODE |
|---|---|---|---|
| A | • – | N | – • |
| B | – • • • | O | – – – |
| C | – • – • | P | • – – • |
| D | – • • | Q | – – • – |
| E | • | R | • – • |
| F | • • – • | S | • • • |
| G | – – • | T | – |
| H | • • • • | U | • • – |
| I | • • | V | • • • – |
| J | • – – – | W | • – – |
| K | – • – | X | – • • – |
| L | • – • • | Y | – • – – |
| M | – – | Z | – – • • |
| 1 | • – – – – | 6 | – • • • • |
| 2 | • • – – – | 7 | – – • • • |
| 3 | • • • – – | 8 | – – – • • |
| 4 | • • • • – | 9 | – – – – • |
| 5 | • • • • • | 0 | – – – – – |
| SOS | • • • – – – • • • | | |

**Samuel Morse hatte auf dieser Strecke Telegrafenmasten aufgestellt und einen Apparat erfunden, der die menschliche Sprache in elektrische Signale umwandelt.** Diese wurden dann über die zwischen den Masten gespannten Drähte übertragen. Das klang ungefähr so: piep-piep-piiiiiiep-pipipip. Die Töne wurden am anderen Ende der Leitung empfangen und wieder entschlüsselt. Damit hatte Samuel Morse auch eine eigene Sprache erfunden, das **Morse-Alphabet.**

**Von da an war der Schritt zum ersten Telefon gut 30 Jahre später dann gar nicht mehr so weit.**

Als ich ungefähr so alt war wie ihr, also Mitte der 90er-Jahre, sah unser Telefon zu Hause so aus. Es stand im Wohnzimmer und hatte glücklicherweise ein meterlanges Kabel, das genau bis zum Gästebad reichte. Wenn einer telefonierte, war für alle anderen die Leitung blockiert. Ich weiß noch genau, wie ich oft meine Eltern in den Wahnsinn getrieben habe, weil ich mich stundenlang im Klo verbarrikadiert hatte, um ungestört mit meinen Freunden telefonieren zu können – die ich ja aber sowieso jeden Tag in der Schule sah. Handys gab es zu diesem Zeitpunkt zwar schon seit ungefähr zehn Jahren, aber die waren noch so teuer, dass sich nur wenige Menschen eins leisten konnten.

Guckt mal, wie riesig die ersten Handys waren!

Heute hat fast jeder in Deutschland ein Handy, und die meisten haben keine Tasten, sondern einen Berührungsbildschirm, den sogenannten Touchscreen. Diese Handys nennt man auch Smartphone. Ich benutze mein Smartphone ziemlich viel. Ist ja auch sehr praktisch: Ich kann Fotos machen, Nachrichten schicken und ins Internet gehen.

Und jedes Mal, wenn ich so etwas mache, benutze ich eine „App“. Das ist die Abkürzung für das englische Wort „Application“ und bedeutet „Anwendung.“ Apps sind kleine Computerprogramme, mit denen ich zum Beispiel Nachrichten schreiben, spielen oder Fotos mit Freunden teilen kann. Jedes Smartphone hat Apps, denn ohne könnte man damit nur ziemlich wenig anfangen. Inzwischen gibt es Millionen unterschiedlicher Apps und ständig kommen neue dazu!

Aber: Die beste App hilft mir nichts, wenn mein Handy kein Netz hat. Wie genau funktioniert das eigentlich? Das check ich für euch!

Checker FRAGE

# Wie bekommt das Handy Netz?

**Um das zu checken,** habe ich mich mit Handy-Experte und Mobilfunk-Ingenieur Florian an einem Sendemast getroffen.

**Von ihm weiß ich, dass Handys im Grunde wie Funkgeräte über Funkwellen funktionieren.** Die Funkwellen werden von Antennen an solchen Masten übertragen und sind eigentlich immer uns herum. Überall. Die ganze Zeit.

**Es kann sein, dass sie dich in diesem Moment treffen** und sogar ein wenig in dich eindringen. Aber keine Panik: Sie haben so wenig Kraft, dass sie nichts in deinem Körper kaputtmachen. **Unsere Handys senden und empfangen die Funkwellen und darüber kann man dann telefonieren.**

Wenn du mit dem Handy zum Beispiel deine Oma anrufen willst, funkt das Handy zuerst den Mast in deiner Nähe an, den nennt man auch **Basisstation**.

**Von der Basisstation wird die Welle weitergesendet** zu einer **Sammelstelle** und die leitet das Ganze weiter an eine **Vermittlungsstelle**. Dort sind Computer, die alle Telefonnummern gespeichert haben, und die entscheiden dann, dass dein Anruf zu deiner Oma geht.

Also geht es von dort weiter zur entsprechenden Sammelstelle, dann zur Basisstation in der Nähe deiner Oma und von dort in ihr Handy. Und obwohl das ziemlich kompliziert und lange klingt, geht das Ganze in Bruchteilen von Sekunden.

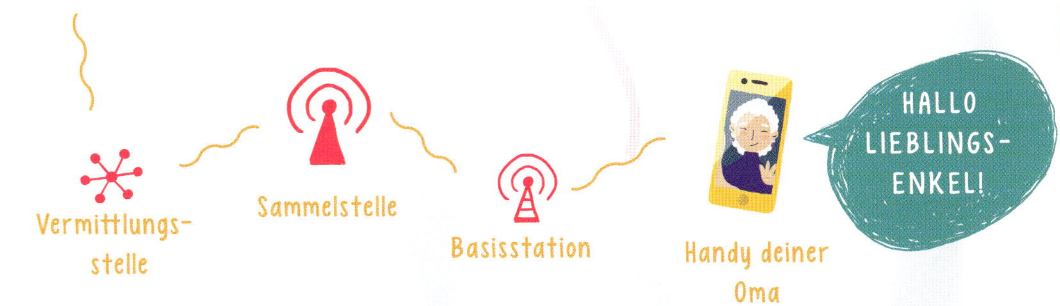

**Weil in Deutschland meistens Tausende von Menschen gleichzeitig telefonieren,** gibt es überall im Land solche Sammel- und Vermittlungsstellen. Insgesamt schon 80.000 und es werden immer mehr. Und da all diese Stellen miteinander verbunden sind, nennt man das Ganze auch: **Handy-Netz.**

FRAGE gecheckt!

**Wenn ihr mal keinen guten Handy-Empfang habt,** kann das daran liegen, dass zu wenig Basisstationen in der Nähe sind. Oder ein Hindernis blockiert die Funkwellen, zum Beispiel dicke Mauern. Auch im Auto ist der Empfang oft nicht so toll, weil das Metall den Funk aufhält. Außerdem ist die Funkverbindung bei hoher Geschwindigkeit nicht so stabil. Und wenn der Empfang mal ganz weg ist, dann heißt das **Funkloch.**

**Natürlich hat die Digitalisierung nicht nur Einfluss aufs Telefonieren gehabt,** sondern auch auf den Schriftverkehr. Deine Großeltern und vielleicht auch deine Eltern haben noch richtig viele Briefe mit der Hand geschrieben. Nicht nur zu Weihnachten oder am Geburtstag, sondern einfach auch, um Freunde und Verwandte auf dem Laufenden zu halten. **Und wie läuft das mit dem Briefeschreiben heute?**

**Das check ich für euch!**

**E-Mail ist die Abkürzung für den englischen Begriff „Electronic Mail"**, also elektronische Post. Um solche Post zu verschicken und zu bekommen, brauchst du einen Internetzugang, ein Mail-Programm und natürlich eine Adresse. Jede E-Mail-Adresse hat das Zeichen **„@"** in der Mitte, auch „Klammeraffe" genannt. Ausgesprochen wird es wie **„ät"**.

Checker FRAGE?

## Was ist eine E-Mail?

**Dann brauchst du eigentlich nur noch die E-Mail-Adresse des Empfängers**, und schon kann es losgehen: Einfach auf **„Senden"** drücken und ein paar Sekunden später ist die E-Mail am Ziel.

### E-MAIL AN BÄUME

In Melbourne (Australien) hat jeder Baum in der Innenstadt eine eigene E-Mail-Adresse. Wer unter dem Baum steht, kann sie lesen. Eigentlich sind sie dazu da, um zu melden, wenn Äste abzubrechen drohen oder der Baum zu wenig Wasser bekommt. Doch die Melbourner nutzen die E-Mail-Adressen auch anders: Sie schreiben den Bäumen Liebesbriefe, oder sie bedanken sich für den Schatten, den sie spenden.

**Wenn ihr jetzt aber glaubt, dass ihr E-Mails nur von Freunden und Verwandten bekommt** – leider nein. Ein sehr großer Teil der E-Mails ist: **Spam!** So nennt man unerwünschte Werbemails, die oft massenweise verschickt werden. Ein spezielles E-Mail-Programm kann zwar diese Art von E-Mails herausfiltern, bevor du sie überhaupt siehst, aber manchmal gelangen sie eben doch bis in dein Postfach.

Am besten, du schaust sie gar nicht erst an, sondern löschst sie sofort. **Und wenn du sie doch einmal aus Versehen geöffnet hast, auf keinen Fall antworten sonst bekommst du im Anschluss noch viel mehr davon!**

## FRAGE gecheckt!

### E-MAIL FÜR KINDER

„https://mail4kidz.de/" ist ein spezieller E-Mail-Anbieter für Kinder, bei dem du dich mit dem Einverständnis deiner Eltern anmelden kannst. Diese Seite sorgt dafür, dass du wirklich nur Post von Menschen bekommst, die du kennst.

# EMOJIS UND SMILEYS

**EMOJI**
ist ein japanisches Wort und heißt übersetzt „Bildschriftzeichen".

Emojis sind also kleine Bildchen, die in SMS, Whatsapp- oder anderen Textnachrichten eingesetzt werden, die man mit seinem Smartphone oder Handy verschickt.

Der Informatiker Scott Fahlmann erfand schon 1982 die Vorgänger der Emojis: die elektronischen Smileys. Also Strichgesichter, die man mit einigen Tastatur-Zeichen „malen" kann. Hier einige Beispiele:

:-) lächeln  
:~0 Oh!  
8-) staunen  
:-D lachen  
;-) zwinkern  
:-( blöd!

**Eine andere Entwicklung in der Kommunikation,** die supercool ist, die ohne Digitalisierung aber überhaupt nicht denkbar wäre, ist **Videotelefonie:** Also die Möglichkeit, sich beim Telefonieren auch gleichzeitig zu sehen. Die Idee dazu ist eigentlich schon ziemlich alt: Schon vor dem zweiten Weltkrieg konnte man damals an sogenannten öffentlichen Fernsehsprechstellen miteinander „bildtelefonieren" – allerdings wurden die bald wieder abgeschafft.

**Mit dem Internet wurde Videotelefonie zu Beginn des neuen Jahrtausends wieder populär,** und spätestens seit 2020, als aufgrund der Corona-Pandemie erstmals Schulen und viele Arbeitsstätten geschlossen hatten, ist es völlig normal und alltäglich.

**Dank Handys und WLAN ist es eben so einfach:** Du brauchst nur ein internetfähiges Gerät mit Mikrofon und Kamera, sowie eine schnelle Internetverbindung. Dabei benutzt du meist **Messenger-Dienste,** also Whatsapp oder Facetime, es gibt aber auch eigene Programme wie Skype, Zoom oder Teams. Und falls dein Gegenüber dasselbe Programm benutzt und sein Gerät eingeschaltet hat, kann es eigentlich losgehen: Schon kannst du deiner Oma nicht nur zum Geburtstag gratulieren, sondern mit ihr sogar gemeinsam die Kerzen auf ihrem Kuchen auspusten. Na ja, fast.

## Die digitale Kommunikation war und ist ein riesiger Fortschritt für uns Menschen.

Es ist toll, sich so schnell mit Leuten auf der ganzen Welt so vielfältig austauschen zu können. Auch, wenn man dabei ein paar Dinge beachten und manchmal aufpassen muss. **Ich bin jedenfalls sehr froh, dass ich keine Kuriere mehr losschicken muss oder auf Brieftauben angewiesen bin.**

# DOSENTELEFON

Telefonieren von einem Raum zum anderen oder vom Garten ins Haus muss nicht elektronisch sein:

**Probier es mal mit einem Dosentelefon!**

**DU BRAUCHST:**
zwei leere Blechdosen,
ein paar Meter kräftigen Faden,
einen Hammer,
einen Nagel
und natürlich einen Gesprächspartner.

**Und so geht's:**

1. Schage in die Mitte vom Boden der beiden Dosen mit dem Hammer und dem Nagel jeweils ein Loch.
2. Verknote die Enden des Bindfadens in jeder Dose so, dass er nicht mehr durchs Loch passt, wenn du den Faden spannst.
3. Verteilt euch auf zwei verschiedene Räume und achtet darauf, dass die Schnur während eures Dosentelefonats immer schön gespannt ist – sonst heißt es schnell: **Kein Anschluss unter dieser Dose!**

# SOCIAL MEDIA

Wenn deine große Schwester mal wieder stundenlang in ihrem Zimmer sitzt und nur so tut, als würde sie Hausaufgaben machen, dann hat das oft einen bestimmten Grund: Social Media. Auf Deutsch: soziale Medien. Damit meint man soziale Netzwerke wie Facebook oder Instagram, aber auch Plattformen wie TikTok, Youtube oder Messenger-Dienste wie Whatsapp.

Doch was ist das überhaupt, ein soziales Netzwerk? Wie funktioniert das? Und wieso können sich dort Dinge manchmal so rasend schnell verbreiten?

Das check ich für euch!

**Checker FRAGE**

## Wie funktionieren soziale Netzwerke?

Michael ist ein echter Experte, wenn es um soziale Netzwerke geht. Er hat mir am Beispiel von Facebook erklärt, wie ein soziales Netzwerk funktioniert: So etwas wie Facebook ist erst einmal eine leere Seite, du kannst es dir vorstellen wie die erste Seite beim Freunde-Buch. Diese Seite füllst du mit Angaben zu dir: dein Name, dein Foto und zum Beispiel deine Hobbys.

Jeder, der Teil von Facebook ist – egal ob du ihn kennst oder nicht – kann deine Seite finden und sich mit dir „befreunden“. Wobei: Auf reale Freunde kannst du dich verlassen, Freunde sind für dich da, Freunde helfen dir aus der Patsche. In sozialen Netzwerken sind das eher Bekannte – und oft noch nicht einmal das! Viele Menschen befreunden sich mit ihnen völlig Fremden. Für Experten wie Michael ist das kein guter Weg – einfach weil du nie weißt, wie Menschen drauf sind. Im echten Leben würdest du ja auch nicht wildfremden Leuten private Fotos von dir geben. Er selbst befreundet sich in sozialen Netzwerken nur mit jemandem, den er auch im echten Leben schon kennengelernt hat.

Das ist aber nur der halbe Spaß an sozialen Netzwerken. Der eigentliche Sinn ist, in Kontakt zu bleiben und Dinge zu teilen – also posten, hochladen oder verlinken –, die dir gefallen. Jeder, der dann auf deine Seite geht, kann das bewerten. Bei Facebook mit dem berühmten „Daumen“: Gefällt mir.

**Deswegen heißt es auch „soziales" Netzwerk.** Weil sich Menschen kennen oder Leute miteinander in Kontakt stehen, die die gleichen Hobbys teilen oder denen zumindest derselbe Beitrag gefällt. Zusammen mit Michael haben wir das sichtbar gemacht: In unserem Beispiel haben drei Freunde einen Beitrag von mir positiv bewertet.

**Und jetzt passiert das, weswegen sich Infos oft so rasend schnell übers Internet verbreiten:** Denn diese drei Leute haben natürlich eigene Freunde. Und weil die drei meinen Beitrag positiv bewertet haben, können ihn dann auch deren Freunde sehen. Vielleicht bewerten sie ihn auch – und das sehen wiederum deren Freunde. Und so weiter. Eine richtige **Kettenreaktion** tritt in Gang.

**Denn deren Freunde haben wieder andere Freunde,** die meinen Beitrag sehen können, und die haben wieder andere und die wieder andere. Mein Beitrag hat eine richtige Lawine losgetreten.

**Über soziale Netzwerke erreicht man also richtig schnell superviele Leute.** Was ja erst einmal total cool ist. Allerdings verbreiten viele Leute auch Lügen und richtig viel Unsinn. Was ziemlich doof ist, weil das oft gar nicht leicht zu erkennen ist.

Und richtig gefährlich wird es sogar, wenn Leute die Technik missbrauchen, um über andere herzuziehen. **Stellt euch vor, jemand verbreitet gemeine Sprüche über euch im Internet. Oder peinliche Fotos.**

# WIE VERDIENEN SOZIALE NETZWERKE GELD?

## KOSTENLOS?!

Soziale Netzwerke sind nur scheinbar kostenlos. Um Geld zu verdienen, stellen sie anderen Unternehmen die Daten ihrer Nutzer zur Verfügung, damit diese auf dich abgestimmte Werbung verschicken können.

Eine weitere wichtige Einnahmequelle sind deine hochgeladenen Bilder und Videos. Die gehören den sozialen Netzwerken dann und sie dürfen sie verkaufen.

**Die großen sozialen Netzwerke**, wie zum Beispiel Facebook, Twitter, TikTok oder Youtube, haben zwar eine Funktion, mit denen du verletzende Beiträge, Fotos und Videos melden und dann löschen lassen kannst.

**Das Problem aber ist, dass das erstens lange dauert und zweitens es superschwer ist, etwas aus dem Internet zu kriegen, wenn es da erst einmal drin ist.** Denn auf irgendeinem der vielen Rechner ist es trotzdem noch gespeichert und kann wieder hervorgekramt werden. Gerade **die großen Rechner der Suchmaschinen und Netzwerke merken sich so etwas jahrelang!**

**Oft braucht es dafür aber noch nicht einmal Fremde.** Vielleicht lädst nämlich du selbst etwas hoch, was du gerade im Moment witzig findest, dir aber später total unangenehm ist. **Deswegen solltest du immer aufpassen und wirklich nur hochladen, was unverfänglich ist und was auch deine Nachbarn, deine Lehrer oder auch wildfremde Menschen sehen dürfen, ohne dass du ein Problem damit hast.** Dann ist Social Media nicht nur ungefährlich, sondern macht auch richtig viel Spaß.

**Heutzutage kannst du dank des Handys nicht nur alles und jeden jederzeit filmen,** sondern auch auf Portalen wie Youtube und Facebook über das Internet allen zugänglich machen. **Manche Leute haben das sogar zu ihrem Beruf erklärt und machen nichts anderes: sogenannte Influencer.**

**Aber wie funktioniert eigentlich dieser Beruf genau? Das check ich für euch!**

Checker FRAGE

## Was machen Influencer?

**Der Begriff Influencer** kommt vom englischen Wort „influence“ und bedeutet „jemanden beeinflussen“. Influencer findet man häufig bei Instagram und TikTok, vor allem aber auch auf Youtube. **Einige werden angehimmelt wie Popstars, und ihre Beiträge werden von den Fans millionenfach geklickt:** Manche beschäftigen sich mit Schminke und Klamotten, andere mit Games, wieder andere mit Musik oder Reisen.

**Oft lassen Influencer auch die Zuschauer an ihrem Leben teilhaben** und posten Bilder und Videos aus ihrem Alltag. Das Problem dabei ist, dass diese Bilder oft spontan wirken sollen – aber gestellt sind. Die Influencer nennen das „Plandid“. Oft steckt richtig viel Arbeit hinter so einem geplanten Schnappschuss. Denn das eine Bild ist nur eins von Hunderten Fotos, die dafür aufwendig inszeniert, beleuchtet und geschossen wurden.

**Wie der Name Influencer schon sagt, sind das also Menschen, deren Meinung wichtig ist.** Sie sind richtige Vorbilder und beeinflussen ihre Fans in dem, was diese denken und tun. Grundsätzlich ist das auch ziemlich cool – leider werden aber viele Youtuber ihrer Verantwortung überhaupt nicht gerecht. Sie sind sehr oberflächlich oder nutzen ihren Einfluss nur, um Produkte zu verkaufen. Also um Geld zu verdienen. Richtig erfolgreiche Youtuber verdienen so mit nur einem Video mehrere Tausend Euro!

Follow us!

**Denn Firmen haben natürlich längst entdeckt, dass sich ihre Produkte besser verkaufen, wenn Influencer sagen, wie toll sie sind.** Also bezahlen sie Influencern einfach Geld dafür, dass die ihre Produkte unauffällig in den Himmel loben. Die Fans wollen ihren Idolen so nah sein wie möglich und glauben, was die sagen: Also kaufen sie das Produkt. Das Ganze nennt sich dann **„Schleichwerbung“** und ist eigentlich ganz schön berechnend und gemein. Deswegen ist das auch verboten. Und nachdem viele Influencer Ärger bekommen haben, sind sie jetzt zumindest verpflichtet, ihre Werbung zu kennzeichnen.

Like us!

**Es spricht also grundsätzlich nichts dagegen, Fan von Youtubern und Influencern zu sein – jeder ist ja Fan von irgendwem oder irgendwas.** Ihr solltet aber wissen, dass es dabei oft ums Geldverdienen geht und nicht nur darum, einen lustigen Film zu machen:

**Es ist eben ein Beruf.**

FRAGE gecheckt!

Lustige Videos sind, egal ob von Influencern oder nicht, besonders beliebt in sozialen Netzwerken. Auch Clips von Tieren wie zum Beispiel süßen Katzenbabys werden ganz oft geteilt. **Viele Menschen nutzen Social Media aber auch als News-Portal,** also um Nachrichten zu erfahren. News kommt aus dem Englischen und bedeutet „neu". Und genau darum geht's bei **Nachrichten**: um Neuigkeiten. Und die erfahren wir **aus der Zeitung, dem Radio, dem Fernsehen – oder eben auch aus dem Internet.**

**Nachrichten**

**Seriöse Journalisten filtern aus der unendlichen Menge an Nachrichten die interessantesten heraus.** Sie recherchieren sorgfältig die Hintergründe, und erst wenn sie glauben, dass die Nachricht für viele Leute wichtig sein könnte, berichten sie darüber.

Vor allem durch die sozialen Medien sind aber in den letzten Jahren noch **eine andere Art von Nachrichten** besonders häufig zu lesen gewesen:

**Fake News. Was das ist?**

**Das check ich für euch!**

**Stellt euch mal vor, im Internet steht:** „Achtung, Achtung! Wetterforscher haben herausgefunden, dass es ein ganzes Jahr lang regnen wird!“

## Checker FRAGE

## Was sind Fake News?

**Das ist natürlich eine Lüge.** Aber so wie die Nachricht aussieht, also mit Text und Überschrift und einem Bild, wirkt sie echt.

Sie ist aber trotzdem falsch. **Solche Lügen und erfundenen Nachrichten nennt man Fake News.** Der Begriff **„fake“** stammt ebenfalls aus dem Englischen und **bedeutet „Fälschung“**. Viele, die das mit dem Regen lesen, werden sagen, dass das Quatsch ist. Aber manche glauben es vielleicht trotzdem. Und finden die Nachricht so spannend, dass sie sie gleich an all ihre Freunde **weiterleiten**.

**So verbreitet sich so eine Falschnachricht superschnell.** Und irgendwann gibt’s wirklich richtig viele Leute, die glauben, es wird ein ganzes Jahr lang regnen. Einfach nur, weil sie auf so eine Falschmeldung reingefallen sind. Krass, oder?

**In den sozialen Netzwerken sind Fake News leider besonders verbreitet.** Denn dort kann jeder Nachrichten schreiben – auch, wenn er kein Journalist ist. Das Problem ist, dass meist nicht kontrolliert wird, ob das alles überhaupt stimmt. **Häufig wird sogar mit Absicht gelogen!** Warum machen das Menschen?

Entweder wollen Verfasser solcher Fake News jemand anderen schlecht dastehen lassen – oder sich selbst besser. **Vor einer Wahl werden zum Beispiel oft Lügen über Politiker verbreitet, damit die Leute ihn nicht wählen.**

**Manchmal soll auch Stimmung gegen bestimmte Gruppen gemacht werden:** Zum Beispiel nutzen **Rassisten** Fake News, um Lügen über Ausländer oder Flüchtlinge zu verbreiten und sie in ein schlechtes Licht zu rücken. Manche reißerische Überschrift oder gefälschte Bilder sollen aber auch einfach nur dafür sorgen, dass die Menschen neugierig auf die entsprechende Seite klicken. **Denn dadurch verdienen die Macher Geld: Je mehr Menschen draufklicken, desto mehr Geld bekommen sie.**

**Fake News sind manchmal gar nicht so leicht zu erkennen.** Wenn es sich aber zum Beispiel um eine besonders schockierende oder **sensationelle Schlagzeile** handelt, ist Vorsicht angebracht. Wenn nur eine einzige Nachricht oder **nur ein einziges Bild** existiert, ist die Chance ebenfalls hoch, dass es sich um Fake News handelt. Denn wäre sie wahr, würden ja viel mehr Journalisten die Nachricht verbreiten.

FRAGE gecheckt!

**In jedem Falle gilt: Sich für Nachrichten zu interessieren ist super – aber glaub nicht alles, was du siehst, und denk ein wenig nach, bevor du es anderen erzählst oder weiterleitest.**

## Soziale Medien machen also echt Spaß – wenn du ein wenig aufpasst und einige Regeln beachtest.

Trotzdem sind die Freunde dort niemals ein Ersatz für echte Freunde aus Fleisch und Blut. Denn mit denen erlebst du echte Abenteuer – die du ja aber dann zumindest im Internet teilen kannst ...

# DIE GRÖSSTEN SOZIALEN NETZWERKE

## FACEBOOK

Einst von vier Studenten gegründet, ist Facebook inzwischen das größte soziale Netzwerk und eines der erfolgreichsten Unternehmen weltweit. In Deutschland darfst du Facebook ab 13 Jahren nutzen.

## INSTAGRAM

Bei Instagram werden vor allem Videos und Fotos hochgeladen. Oft tun diese Bilder aber nur so, als wären sie natürlich. In Wahrheit stecken die Leute eine Menge Arbeit hinein, bevor sie die Bilder ins Netz stellen.

## WHATSAPP

Die App ist ein sogenannter Messenger-Dienst, auf der du kostenlos Nachrichten, Bilder oder kleine Videos versenden kannst: Entweder an einzelne Bekannte, du kannst aber auch Gruppen erstellen und so mit mehreren Leuten gleichzeitig kommunizieren.

## TWITTER

Auf Twitter kannst du nur Kurznachrichten posten, sogenannte Tweets. Ursprünglich durften diese 140 Zeichen lang sein. Inzwischen kann man aber auch Fotos und Videos anhängen und die Zeichenanzahl hat sich auf 280 verdoppelt. Also exakt so viele Zeichen, wie dieser Text hier hat.

# FOTOGRAFIE

Naja. Hat schon mal schönere Bilder von mir gegeben.
Aber das Tolle an der digitalen Fotografie ist ja nicht nur, dass ich sofort das Ergebnis sehen kann, sondern auch, dass es völlig schnuppe ist, wenn es mir nicht gefällt. Dann mach ich eben noch ein Foto. Und dann noch eins. Und noch eins. Bis eines dabei ist, das mir gefällt.

Das war natürlich nicht immer so. Im Gegenteil: Als es noch keine Digitalkameras oder Handys gab, war analoge Fotografie sehr aufwendig und es hat richtig lange gedauert, bis man ein Foto von sich in der Hand hatte.

SCHNARCH ...

Ich weiß noch genau, wie das damals war:

- Einen lichtempfindlichen Fotofilm in die Kamera einlegen.

SCHNARCH ... SCHNARCH ...

- Foto machen.

- Dann warten, bis der Film voll ist – also mehr Fotos machen.

SCHNARCH ... SCHNARCH ...

- Dann entwickeln – das heißt: mit chemischen Flüssigkeiten behandeln, lange warten.

- Dann das, was dabei rauskommt, das sogenannte Negativ, noch einmal belichten.

- Wieder warten.

- Und iiiiirgendwann hatte man dann ein fertiges Foto in den Händen.

Vergrößerer

**Heutzutage geht das so: Bild schießen – anschauen. Aber wie funktioniert das eigentlich? Das check ich für euch!**

Checker FRAGE

# Wie funktionieren Digitalkameras?

Digitalkameras sind Kameras, bei denen dieser lichtempfindliche Fotofilm, den man früher in die Entwicklung gegeben hat, durch ein elektronisches Bauteil ersetzt ist: der Chip, auch Sensor genannt. Die erste Digitalkamera wurde 1963 von David Paul Gregg erfunden, die sogenannte Videodisk-Kamera.

Leider verschwand das Bild schon nach einigen Minuten wieder. Aber der Durchbruch war geschafft, und 1969 entwickelten Williard Boyle und George Smith diese Technik entscheidend weiter: Sie erfanden einen extrem lichtempfindlichen Sensor, den sogenannten CCD-Chip, der hinter dem Objektiv liegt. Mit dem konnte man Bilder speichern.

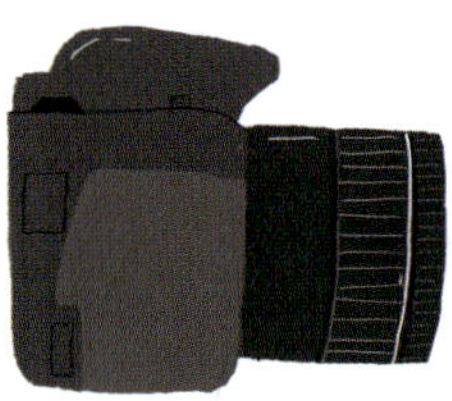

Und auch, wenn sich die Sensortechnik inzwischen weiterentwickelt hat, funktioniert das Prinzip auch heute noch so: Der Sensor ist, ähnlich wie ein Schachbrett, in viele kleine lichtempfindliche Zellen aufgeteilt, die sogenannten Pixel.

Pixel ist ein Kunstwort, zusammengesetzt aus Pictures (englisch für Bild) und Elements (englisch für Element). Manche Leute sagen auch Bildpunkte dazu. Wenn du ein Bild sehr stark vergrößerst, kannst du die Pixel genau erkennen: Sie sehen aus wie kleine Quadrate.

Der Bildprozessor, ein in die Kamera eingebauter Computer, errechnet nun für jede dieser Zellen oder Pixel einen Zahlenwert. Je nachdem wie hell ein Pixel ist und welche Farbe das auftreffende Licht hat, ergibt sich eine andere Zahl. Je mehr Pixel ein Bild hat, desto schärfer ist es.

Anschließend wird das Bild durch den Bildprozessor bearbeitet und kleine Fehler ausgebügelt. Sogar Staub auf der Linse kann so aus dem Bild gerechnet werden! Nach wenigen Millisekunden erscheint dann das Foto auf deinem Display.

Du sparst durch die Digitaltechnik also nicht nur viel Zeit bei der Entwicklung, sondern auch jede Menge Geld und kannst zudem so viele Bilder schießen, wie du möchtest.

FRAGE gecheckt!

Nachdem das Bild nun in digitaler Form im Speicher der Kamera liegt, meistens auf einer Speicherkarte, kannst du es dann direkt digital versenden, oder du schiebst die Speicherkarte in einen Computer und kopierst die Daten auf eine Festplatte. So kannst du sie später ausdrucken oder ein Fotobuch erstellen.

## Was kann man noch mit einer Digitalkamera machen?

Das check ich für euch!

Checker FRAGE

# Was ist digitale Bildbearbeitung?

Das habe ich bei einem Experiment gecheckt. Ich wollte nämlich irgendwann mal wissen, wie Werbung funktioniert. Deshalb habe ich ein Produkt erfunden: die Checker-Limo. Und dabei habe ich auch von einem professionellen Fotografen Bilder machen lassen, um sie zu bewerben.

Im Anschluss wurde das Foto noch von einer Grafikerin digital bearbeitet. Grafiker sind echte Profis der Bildbearbeitung, sie können schlichtweg alles mit einem Bild machen. Und das in Sekunden!

Guckt mal:

Krass, oder?

Von ihr weiß ich, dass kein einziges Bild, das du in der Werbung sehen kannst, unbearbeitet ist. Egal, ob Foto, Film oder Snapchat-Clip. Das passiert, weil einfach alle gut aussehen wollen. Denn dann verkauft sich das Produkt besser. Apropos Produkt: So sah am Ende mein fertiges Plakat aus.

Ich finde, es ist total cool geworden. Ohne digitale Bildbearbeitung hätte das niemals so aussehen können.

FRAGE gecheckt!

## WAS IST DAS RECHT AM EIGENEN BILD?

**Bevor ein Foto öffentlich benutzt, also verschickt oder ins Internet hochgeladen werden darf, müssen alle abgebildeten Personen um Erlaubnis gefragt werden. Nach dem Gesetz darf jeder selbst entscheiden, wo er zu sehen ist und wo nicht.**

**Dasselbe Phänomen findest du übrigens total oft in sozialen Netzwerken wie Instagram.** Wie schon erwähnt, lebt dieses Netzwerk von Fotos. Und auch dort sind die meisten Bilder nicht echt, sondern wie in meiner Werbung irgendwie bearbeitet: Entweder sind die Falten weg oder die Zähne weißer gemacht, die Lichtstimmung ist anders, oder der Mensch hat sich ein paar Kilo von den Rippen gemogelt.

**Durch Apps ist es inzwischen auch echt einfach, Bilder digital zu bearbeiten.** Das kann quasi jeder. Was total cool ist, denn es macht voll Spaß. Doof wird das Ganze nur, wenn du glaubst, dass das, was du siehst, echt ist. Denn das macht unglücklich! Ist ja auch klar: Scheinbar ist alles auf Instagram & Co total perfekt und makellos – und bei dir zu Hause sieht alles ganz anders aus. Dabei ist die Welt der Instagrammer keine andere als deine – nur, dass sie sie eben digital aufhübschen.

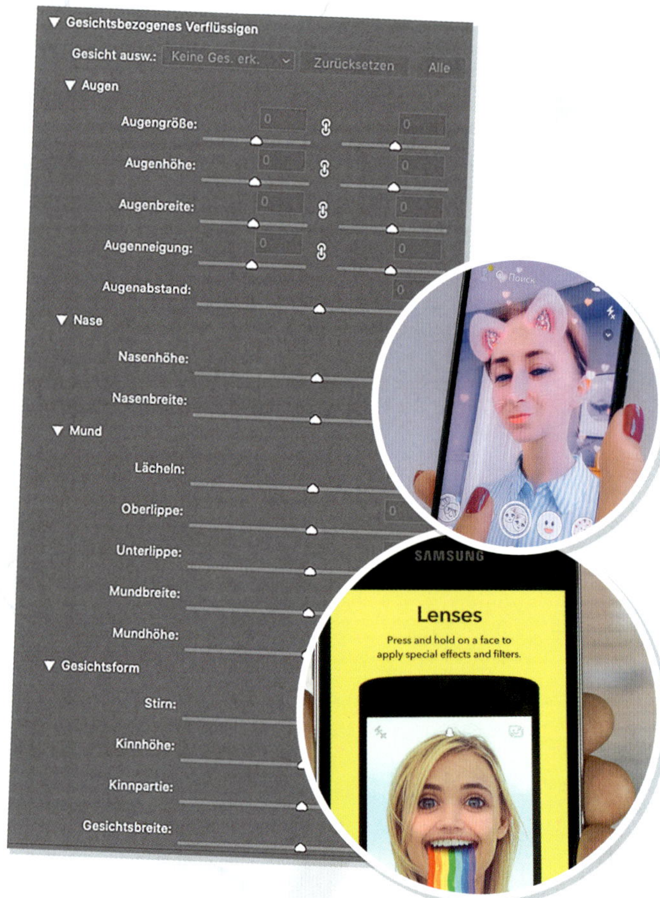

## WAS IST DAS URHEBERRECHT?

Jeder, der ein Werk verfasst, ist ein Urheber. Ein Werk kann alles Mögliche sein: ein Text, ein Bild, Musik, ein Film, Spiel oder auch Computerprogramm. Der Urheber darf bestimmen, was mit seinem Werk passiert: Er besitzt das sogenannte Urheberrecht. Und wer so ein Werk benutzen will, also zum Beispiel kopieren oder im Internet veröffentlichen, muss den Urheber um Erlaubnis fragen.

Also glaube nicht alles, was du siehst, okay? Probiere aber ruhig selbst mal aus, deine Bilder digital zu bearbeiten. Damit kann man echt lustigen Quatsch machen.

So. Und ich probiere jetzt noch einmal mein Selfie.

Achtung – bitte lächeln – und ... Spaghettiiiiiiiii!

Aaaah! Viel besser.
Das nehm ich.
Oder das das andere?!

# CAMERA OBSCURA

Die „Camera obscura" (Lateinisch für „dunkle Kammer") gilt als Vorläufer des Fotoapparats. Erfunden hat sie der arabische Forscher Ibn al Haitham bereits im Jahr 980 n. Chr.!

Er bohrte ein Loch in die Vorderwand eines Holzkastens, sägte ein Stück aus der Rückwand, legte ein weißes Blatt Papier drüber. Zu seiner Überraschung war das Bild, das man auf dem weißen Blatt Papier sah, verkehrt herum abgebildet! Ibn al Haitham wusste ja auch nicht, was wir heute wissen:

Durch das kleine Loch fallen Lichtstrahlen in die „dunkle Kammer". Die Strahlen, die von oben kommen, prallen zwangsläufig unten auf die Wand. Umgekehrt genauso: Die Lichtstrahlen von unten prallen oben auf die Wand. Zusammen ergeben sie dann eben ein umgedrehtes Bild. Das Prinzip funktioniert auch heute noch genau so bei allen Kameras.

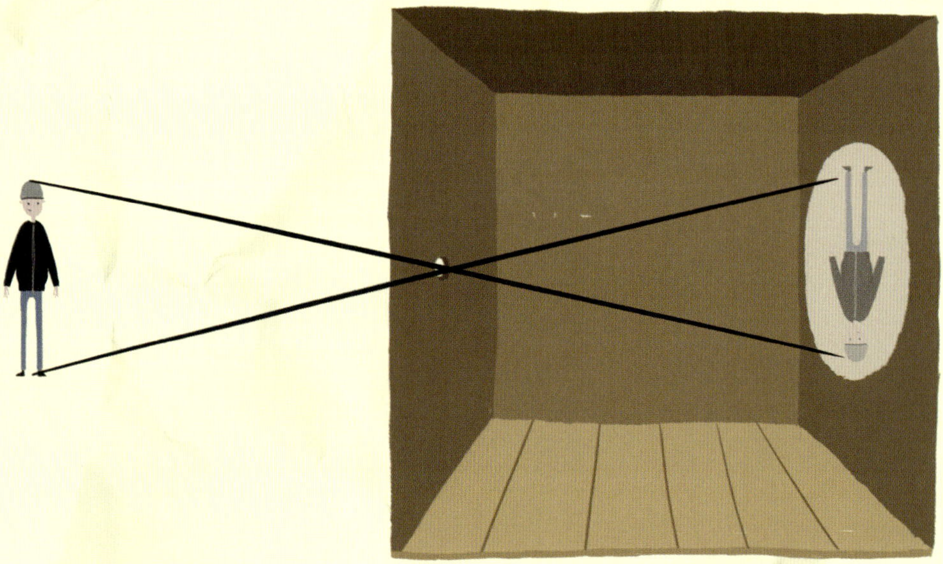

# Lust, das auszuprobieren? Los gehts!

**DU BRAUCHST:**

einen Bogen schwarze Pappe (DIN A4)
eine leere Klopapierrolle
Alufolie
Butterbrotpapier
Haushaltsgummi
Klebeband
eine Nadel

**SO GEHT'S:**

**Stülpe das Butterbrotpapier** über die eine Öffnung der Klopapierrolle und klebe es fest. Dabei hilft dir das Gummi.

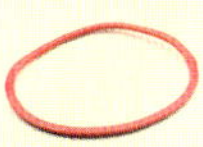

Stülpe über die andere Seite der Rolle nun das Stück **Alufolie** und befestige es mit dem **Gummi**.

Klebe nun die **schwarze Pappe** um die Klopapierrolle herum, so dass eine Art schwarzes Fernrohr entsteht, in dem die Klopapierrolle steckt. Die Seite mit der Alufolie muss aber herausgucken, also nicht festkleben.

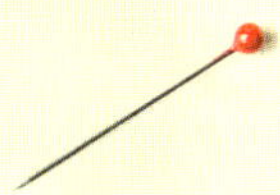

Stich nun mit der **Nadel** ein winziges Loch in die Mitte der Alufolie. Fertig.

Halte dir die offene Seite an ein Auge, das andere Auge musst du zuhalten. **Wenn du jetzt auf etwas sehr Helles guckst, kannst du es auf dem Butterbrotpapier erkennen – und zwar auf dem Kopf!**

# FILM

Alle bereit?
Kamera läuft. Klappe.
Uuuuuuund Action!

**Und zwar richtig viel Action!** Denn die Digitalisierung hatte auch einen riesengroßen Einfluss auf Filme, also bewegte Bilder. Analoge Filme funktionieren ganz ähnlich wie ein analoges Foto. Nur dass bei Filmen ganz viele Bilder, die kurz nacheinander aufgenommen wurden, schnell nacheinander abgespielt werden. Dafür ist der Film auf einer Filmrolle aufgerollt, die wiederum in einem Filmprojektor steckt.

**Dass wir viele schnell nacheinander abgespielte Bilder als Bewegung wahrnehmen, hat mit unserem Gehirn zu tun.** So wie hier mit den Flugzeugen.

**Eigentlich sind es zwei einzelne Flugzeuge.** Wenn man diese beiden Bilder aber schnell hintereinander abspielt, sieht es aus wie eine **Bewegung.** Das liegt daran, dass unser Gehirn denkt, dass das eine Flugzeug ja irgendwie von links nach rechts gekommen sein muss. Also macht es daraus ganz automatisch eine Bewegung. **Damit das klappt, müssen es allerdings genügend einzelne Bilder sein, die in der Sekunde abgespielt werden: mindestens 12, für eine richtig flüssige Bewegung sogar 24.** So ist es auch bei einem Kinofilm.

**Als Geburtsstunde des Kinofilms gilt übrigens der 28. Dezember 1895.** In Paris zeigten **die Brüder Auguste und Louis Lumière** zum ersten Mal vor zahlendem Publikum einige einfache, selbst gedrehte Kurzfilme, die alle nur wenige Sekunden lang waren und auch ohne Ton liefen. Ihre Erfindung, die das ermöglichte, nannten sie **Kinematograf.** Der Kasten war damals eine Sensation!

**Für die Menschen war es unglaublich, solche bewegten Bilder zu sehen.** Dieser kleine Film zum Beispiel, in dem einfach nur ein Zug vorbeifährt, hat für eine richtige Massenpanik gesorgt, weil die Menschen dachten, er kommt aus der Leinwand auf sie zu! **Abgefahren, oder?**

**Das Kino an sich und der Kasten der Gebrüder Lumière haben sich dann natürlich weiterentwickelt.** In meiner Kindheit sahen die Kinovorführgeräte schon so aus:

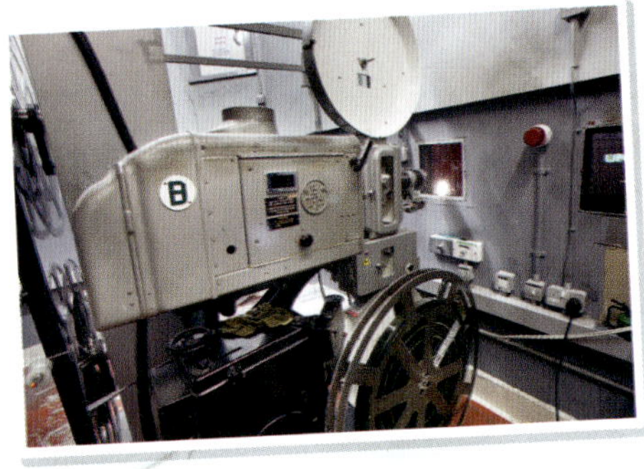

Das war eine **Filmkamera.**

**Mit diesem sogenannten Camcorder drehten wir unsere eigenen Clips** – man nannte sie nur anders, nämlich **Homevideos.**

Und gespeichert wurden die nicht auf einer Festplatte, sondern auf einem Band, einer sogenannten **VHS-Kassette.**

**Heutzutage geht das alles, sogar mit einem Handy!** Und weil es eben so einfach geht, machen das auch wahnsinnig viele Leute. Allerdings nicht nur für den privaten Gebrauch, sondern oft laden sie die Filme auch auf **VIDEOPLATTFORMEN INS INTERNET:**

### YOUTUBE

Die größte und bekannteste Plattform überhaupt. Jeder ab 16 Jahren darf dort eigene Videos hochladen – und das wird auch fleißig getan: **500 Stunden Videomaterial wird allein bei Youtube in jeder Minute hochgeladen!** Entsprechend viel schauen auch die Nutzer dort jeden Tag: insgesamt über eine Milliarde Stunden. **Unvorstellbar, oder?**

### SNAPCHAT

Wenn du mindestens 13 Jahre alt bist, darfst du mit dieser App **Fotos oder kurze Videos** an Freunde verschicken. Oft werden sie mit Texten, Effekten oder Emojis versehen. Nach kurzer Zeit verschwinden die Beiträge wieder.

### TIKTOK

Angefangen hat es als Video-App, mit der du kurze Clips hochladen kannst, in denen **zu Musik getanzt oder synchron die Lippen bewegt** wird. Sie richtet sich vor allem an 13–18-Jährige und gehört inzwischen zu den erfolgreichsten Video-Plattformen weltweit.

Wie immer, wenn es darum geht,
etwas ins Internet zu stellen,
solltest du dabei aber auch einige Dinge beachten.

## Tobis Goldene Upload-Regeln

1. Pass auf, was du hochlädst oder verschickst, damit es dir nicht irgendwann peinlich ist oder die Gefühle anderer verletzt werden. Es bleibt für immer im Internet und du hast keine Kontrolle darüber, wer es alles sehen wird.
2. Wenn andere Menschen zu sehen sind, brauchst du vorher ihr Einverständnis.
3. Achte darauf, wem du es schickst oder wo du es hochlädst. Ist die Seite vertrauenswürdig?
4. Hol dir immer vorher die Erlaubnis deiner Eltern, die können die Situation meist ganz gut einschätzen.

Ich persönlich finde Youtube zwar cool, aber noch viel lieber schaue ich Filme im Kino! Gemütlich in den Sessel fläzen und mit Popcorn, ’ner Limo und den besten Kumpels in eine andere Welt abtauchen. Das ist das Allerbeste, oder?

Am liebsten schaue ich Animationsfilme. Seit wann es die gibt, wie man die heutzutage macht und was das überhaupt genau ist?

Das check ich für euch!

### WAS IST EIN BACK-UP?

Von allen wichtigen Dateien sollte regelmäßig eine Kopie gemacht werden, ein sogenanntes „Back-up“. Dieses Back-up sollte an einem anderen Ort gespeichert werden als das Original: zum Beispiel auf einer externen Festplatte. Sollte einmal die interne Festplatte des Computers kaputtgehen, sind somit zumindest die Daten gerettet.

Checker FRAGE

# Was ist ein Animationsfilm?

Thomas studiert Animation an der Filmakademie Baden-Württemberg.

**Er hat mir zuerst einmal erklärt, was „animieren“ überhaupt bedeutet.** Das Wort kommt aus dem Lateinischen und heißt so viel wie „zum Leben erwecken“. Dabei unterscheidet man zwischen einer 2-D- und einer 3-D-Animation.

**Beim klassischen Zeichentrickfilm zum Beispiel gibt es nur die Breite und die Höhe.**

3-D-Filme zeigen aber die Tiefe. Es kommt also eine dritte Dimension, also Ebene, dazu, deswegen heißt es auch **3-D**.
So entsteht aus einem Quadrat ein Würfel, das nennt man **dreidimensional.** In beiden Bereichen gibt es **viele verschiedene Arten von Animationsfilmen.**

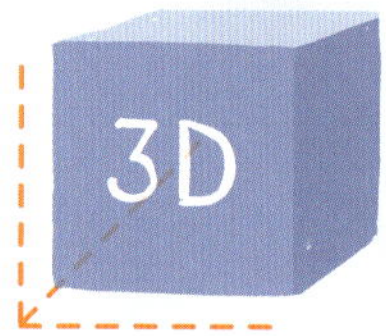

**Der LEGETRICKFILM und der FLACHFIGURENFILM.** Die einfachste und günstigste Form des Animationsfilms. Du brauchst einen Hintergrund, eine Kamera und Papierfiguren, die verschoben und abfotografiert werden. Inzwischen hat sich die Technik noch weiterentwickelt: Im Internet wimmelt es nur so von solchen Filmen.

**Der SCHERENSCHNITTFILM.** Figuren und Gegenstände werden ausgeschnitten und ihr Schatten auf eine Leinwand projiziert. „Die Abenteuer des Prinzen Achmed“, der erste abendfüllende Animationsfilm überhaupt, wurde 1926 so hergestellt – von der Deutschen Lotte Reiniger.

**STOPP-TRICK. Dies ist die älteste Form der Animation.** Dabei werden Modelle von Bild zu Bild leicht bewegt, damit im fertigen Film eine flüssige Bewegung zu sehen ist. Oft sind diese Modelle Puppen oder Figuren aus Knete. Kennst du bestimmt von **„Wallace und Gromit“** oder **„Shaun, das Schaf“.** Alles, was du dafür brauchst, ist eine Kamera oder Handy, ein Stativ, ein paar Spielzeugfiguren und ein Computer. Dann müsst ihr euch nur noch eine Geschichte ausdenken, die Kamera aufstellen und schon kann es losgehen.

**Stell die Figuren auf und mach ein Foto. Dann bewegst du minimal jede Figur und machst wieder ein Foto davon.** Und immer so weiter. Am Ende, wenn du alle Fotos gemacht hast, kannst du sie mit dem Computer schnell hintereinander abspielen. Das Ergebnis sieht aus, als ob sich die Figuren eigenständig bewegen. Hol dir am besten ein paar Freunde dazu. Zusammen macht es mehr Spaß und geht auch schneller.

**Der ZEICHENTRICKFILM.** Diese Art des animierten Films kennt wohl jeder. Mit Thomas habe ich sogar ausprobiert, einen kleinen Film zu zeichnen. Also genauer gesagt nur eine Sekunde. Und für diese eine Sekunde mussten wir schon superviele Bilder zeichnen.

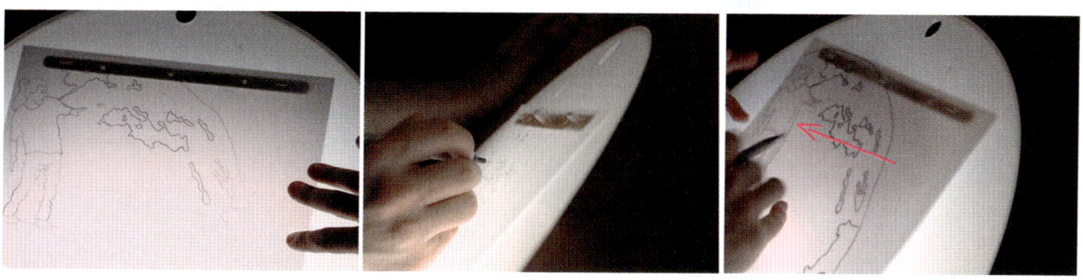

**Und zwar wie viele? Genau: Für 1 Sekunde brauchst du 24!** Das hat ewig gedauert. Okay, wenn ich ehrlich bin, hat eigentlich Thomas das meiste gezeichnet …

FRAGE gecheckt!

**Und weil das so lange dauert, sind bei richtig tollen Animationsfilmen auch Hunderte Leute am Werk. Einen solchen Film herzustellen, ist ein irrer Aufwand und dauert Jahre!**

**Heutzutage hilft dabei natürlich der Computer: Man muss nicht mehr jedes Bild von Hand zeichnen.** Der erste Teil von „Toy Story“ schrieb 1995 Filmgeschichte, weil er der erste lange Spielfilm war, der komplett am Computer gemacht wurde.

Thomas hat mir gezeigt, wie das geht. **Es ist ein bisschen wie mit Knetmasse** – nur dass du unendlich viel Knete zur Verfügung hast und alles bauen kannst, was du dir vorstellen kannst. Bei Figuren beginnt es immer mit einem Würfel. Der Würfel ist im Computer wieder in viele Würfel eingeteilt – wie ein Zauberwürfel. So kannst du nach und nach ein Gesicht formen und irgendwann wird dann eine richtige Figur daraus: so wie hier beim Polizisten.

Es wird aber noch besser: Wenn diese Figur eine Bewegung machen soll, reicht es aus, nur noch den Anfang und den Endpunkt zu bestimmen. **Alle Bilder dazwischen berechnet der Computer.**

**Durch die Digitalisierung ist das Ganze also viel schneller und einfacher geworden – dafür aber auch viel anspruchsvoller.** Die computeranimierten Filme sind viel detailreicher und aufwendiger als von Hand gezeichnete Filme. Deswegen braucht man immer noch Hunderte Leute, und es dauert immer noch Jahre, um einen Animationsfilm zu machen. Aber dafür sehen diese Filme auch super aus!

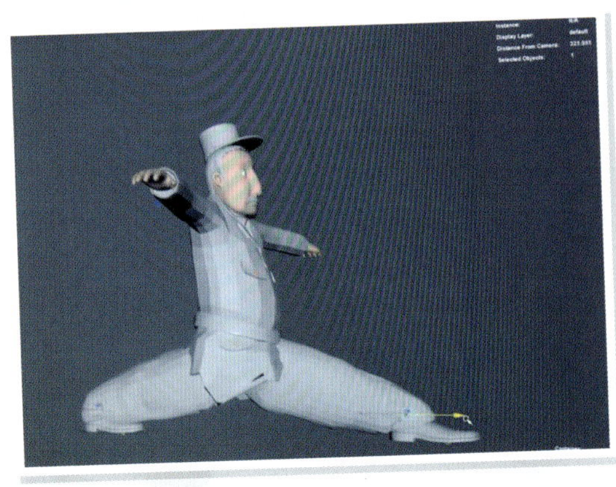

Seitdem Filme mit dem Computer gemacht werden, können wir aber auch noch was anderes total Abgefahrenes machen:

**Motion-Capturing! Was das ist?**

**Das check ich für euch!**

Checker FRAGE?

# Was ist Motion-Capturing?

Dafür sind Thomas und ich in ein Filmstudio gegangen. Sieht eigentlich aus wie eine leere Turnhalle, in der es ganz dunkel ist. Dort waren 24 Kameras in einem Quadrat aufgebaut.

Diese Kameras können menschliche Bewegungen filmen und dann über den Computer auf eine Figur übertragen.

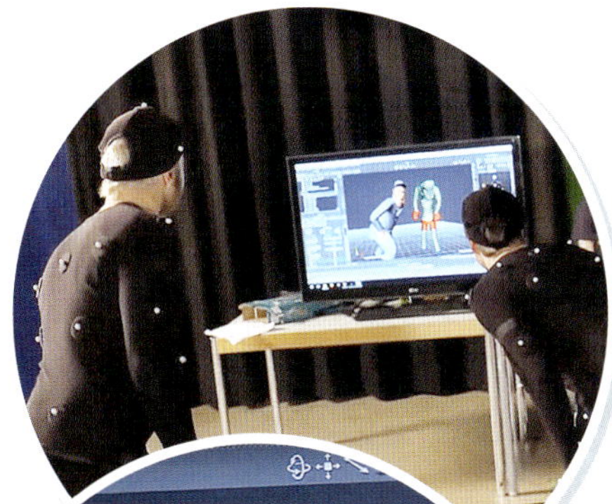

Abgefahren, oder? Dafür muss ein Schauspieler, in diesem Falle ich, nur einen schwarzen Anzug anziehen. Dadurch wird man für die Kameras unsichtbar. Dann werden ganz viele weiße Punkte an bestimmte Stellen auf den Körper geklebt.

Die Kameras erkennen diese Punkte und können dadurch die Bewegungen einfangen. Deswegen auch „Motion-Capturing“, das ist englisch und heißt genau das: Bewegung einfangen. Total cool! Alles, was ich gemacht habe, hat der animierte Polizist im Rechner dann auch gemacht.

Mit Motion-Capturing kann man sogar Tierbewegungen auf menschliche Figuren übertragen. Dafür werden dann die Punkte auf dem Körper des Tiers angebracht, dessen Bewegungen aufgenommen und anschließend im Computer mit den Aufnahmen des Schauspielers kombiniert.

Weil die Technik Motion-Capturing so cool ist, wird sie auch sehr oft eingesetzt: in Animationsfilmen, aber vor allem auch in sehr vielen Video- und Computerspielen.

FRAGE gecheckt!

Und welchen Einfluss die Digitalisierung dort darüber hinaus noch gehabt hat, erfahrt ihr im nächsten Kapitel.

# DAS CHECKER-TOBI-DAUMENKINO

**Du kannst dir ein Daumenkino selber basteln.** Am besten funktioniert es, wenn du einen Schreibblock nimmst oder ein Notizbuch, das fest gebunden ist und wo die Seiten exakt übereinander liegen.

Oder du lässt eine Meerjungfrau
ins Wasser springen! :-)

- Dann malst du auf 20 – 24 aufeinanderfolgende rechte Seiten immer an die gleiche Stelle ein und dasselbe Gesicht, so wie hier.

- Füge dann die Zwischenschritte bei Mund, Augenbrauen und Zunge ein.

- Lasse jetzt die Seiten mit dem Daumen schnell „abrollen“, und schon hast du den einsekündigen Blockbuster „Checker Tobi lacht“!

# SPIELE

Wie oft hab ich als Kind von Erwachsenen gehört, dass ich aufhören soll „mit etwas herumzuspielen“ oder für die Schule lernen soll, anstatt mit meinen Freunden zu spielen. Kennt ihr das auch? Oft halten Erwachsene Spielen für einen unnützen Zeitvertreib – dabei ist Spielen voll wichtig!

**Selbst Albert Einstein, einer der berühmtesten Wissenschaftler und Forscher aller Zeiten, wusste, dass ohne Spielen überhaupt nichts geht:** „Der Urquell aller technischen Errungenschaften ist die göttliche Neugier und der Spieltrieb des bastelnden und grübelnden Forschers." Anders ausgedrückt: **Kein Spiel – keine Erfindungen.**

**Schon immer haben die Menschen gespielt** – und natürlich haben sie auch schnell versucht, den Computer dafür zu nutzen. Als erstes Computerspiel gilt **Tennis for two** von 1958, das vom amerikanischen **Physiker William Higinbotham** konstruiert wurde. Guckt mal, so sah das aus: Zwei leuchtende Linien und ein Punkt, der hin und hergeflogen ist.

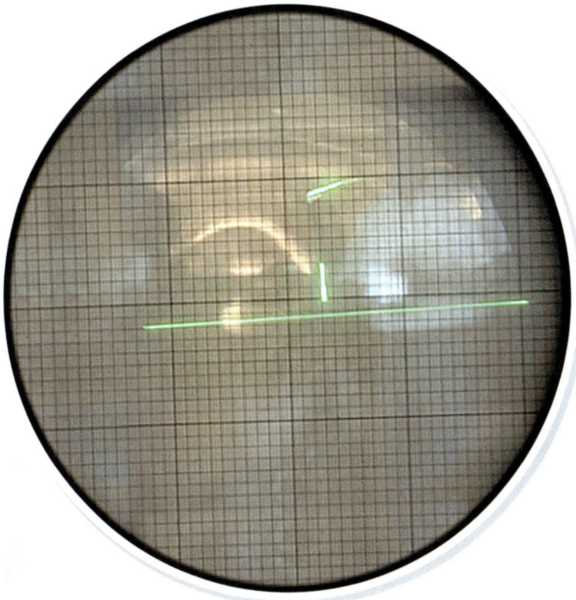

Hättet ihr das gerne gezockt? Also, ich weiß nicht. Ich bin schon froh, dass ich erst Mitte der 80er geboren worden bin. Inzwischen hatte sich nämlich schon einiges getan:

**Die Firma Atari hatte die erste Videospielkonsole erfunden** und damit digitale Spielewelten zu den Menschen nach Hause gebracht.

Die Spielekonsole „Atari 2600" von 1976, die Urgroßmutter der Playstation sozusagen.

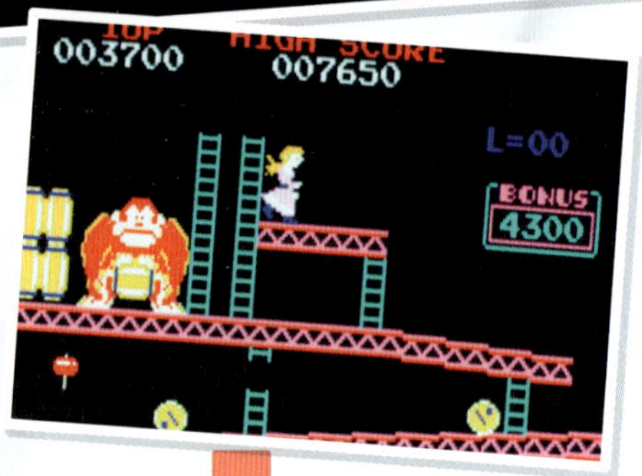


Aber auch der Heimcomputer, also der PC, war inzwischen populärer geworden und es gab erste Spiele dafür. **Super Mario** hatte übrigens 1981 seinen allersten Auftritt im Spiel **Donkey Kong** und der Klassiker **Tetris** wurde 1984 in Russland entwickelt.

Berühmt machte ihn allerdings erst Jahre 1989 die erste tragbare Spielekonsole **Game Boy** des japanischen Herstellers Nintendo.

Als ich ungefähr so alt war wie ihr, also in den 90er-Jahren, kamen **die ersten Generationen der Spielekonsolen** auf den Markt, mit denen ihr im Grunde heute noch zockt: **die Playstation** oder auch **die Xbox**.

Und egal, ob mit Video- oder Computerspiel: Heute zocken über das Internet Millionen Menschen gegeneinander.

Zu den **erfolgreichsten Spielen** gehören dabei **League Of Legends** (seit 2009), **Minecraft** (seit 2011), **Fortnite** (seit 2017) und vor allem auch Sportspiele wie die **FIFA**-Reihe (seit 1993).

### RGB UND CMYK

RGB steht für „Rot-Grün-Blau“. Alle Farben auf Bildschirmen entstehen durch die Mischung dieser drei Grundfarben. Sie werden auch Lichtfarben genannt – und sind gedruckt nicht wiederzugeben. Dort benutzt man die vier sogenannten „Körperfarben“ Cyan (hellblau), Magenta (eine Art pink), Yellow (gelb) und die Farbe, die herauskommt, wenn man alle mischt: schwarz, in diesem Falle „Key“ oder „Kontrast“ genannt. Abgekürzt: C-M-Y-K.

## Manche Leute verdienen inzwischen damit sogar richtig Geld beim Zocken. Wie das geht?

→ Das check ich für euch!

Checker FRAGE

# Was ist E-Sport?

**Sport am Computer wird E-Sport genannt,** das ist die Abkürzung für elektronischen Sport, also **Wettkämpfe in Computer- und Videospielen.** Dazu zählen nicht etwa nur Sportspiele, sondern es können alle möglichen Arten sein. **Ob das allerdings ein wirklicher Sport ist, darüber ist man sich uneins.** Die einen sagen, dass ja auch Schach eine richtige Sportart ist und man wie bei anderen Sportarten auch echte Teamarbeit leisten muss. Die anderen befürchten, dass keiner mehr auf den Bolzplatz geht oder echte Sportvereine aussterben.

Ob jetzt aber „echter“ Sport oder nicht: **E-Sport ist wahnsinnig erfolgreich auf der ganzen Welt.** Und wie bei Olympia oder der Fußball-WM finden auch dort richtig große Turniere statt. In richtig großen Hallen mit richtig viel Zuschauern. Guckt mal – krass, oder?

**Besonders in Asien ist E-Sport beliebt.** Kein Wunder, dass in Südkorea im Jahr 2000 die ersten **„World Cyber Games“** ausgetragen wurden. Drei Jahre später gab es dann in Frankreich den ersten **„Electronic Sports World Cup“**. Beide Turniere finden seitdem jedes Jahr statt und es gibt hohe Preisgelder zu gewinnen. Die Gewinner sind dann oft so bekannt wie Fußballstars.

Spieler, die bei solchen Turnieren im Normalfall gewinnen, sind allerdings keine normalen Spieler mehr wie du und ich. Sie sind echte Profis, auch **Pro-Gamer** genannt, und haben E-Sport zu ihrem Beruf gemacht. Viele sind inzwischen auch bei den E-Sport-Abteilungen großer Sport-Klubs angestellt.

### WAS IST EINE LAN-PARTY?

**LAN steht für Local Area Network, also „Lokales Netzwerk“. Eine LAN-Party ist ein Zusammenschluss von privaten Computern, die durch ein lokales Netzwerk verbunden werden. Mitte der 90er-Jahre erfreuten sie sich großer Beliebtheit - bis zum Ausbau der Funknetze und der Erfindung des WLANs.**

Die wenigen, die es durch Preisgelder oder Sponsoren schaffen, gut vom E-Sport zu leben, müssen auch richtig was draufhaben: **Taktische Fähigkeiten oder teamorientiertes Denken sind total wichtig. Und die Spieler müssen supergut in der Hand-Augen-Koordination sein.** Sie müssen also schnell auf das reagieren können, was sie auf dem Monitor sehen.

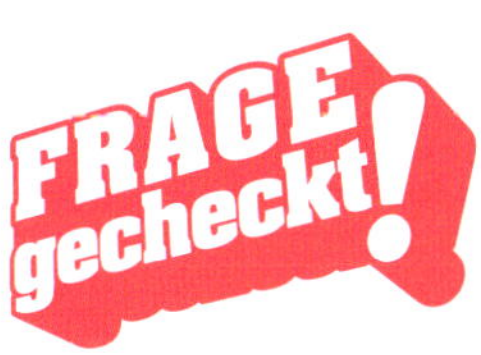


## Dafür trainieren sie jeden Tag mehrere Stunden – ob sie Lust haben oder nicht.

So einfach, wie man sich das vorstellt, ist es also gar nicht, ein E-Sportler zu sein. **Also vielleicht doch besser noch ein bisschen zur Schule gehen ...**

**Besonderes Glück haben diesbezüglich Kinder in Norwegen: In der Stadt Bergen gibt es am Gymnasium sogar E-Sport als Unterrichtsfach!**

Drei Jahre lang dürfen die Schulkinder dort fünf Stunden die Woche Zocken. Na ja, nicht ganz. Ernährungsberatung ist auch dabei – und zwei von fünf Stunden wird auch klassischer Ausdauersport gemacht. **Denn nur wer fit ist, kann sich lange am Bildschirm konzentrieren!** Noten gibt es natürlich auch: **für Teamfähigkeit, Strategie, Taktik sowie Kommunikation mit anderen Spielern.** Voll cool, oder? Da wäre ich gerne zur Schule gegangen.

**Manche Schulen in Deutschland haben aber auch was ziemlich Cooles im Angebot: Unterricht mit Virtual Reality! Wie das funktioniert?**

**Das check ich für euch!**

# Was ist Virtual Reality?

**Virtual Reality heißt auf Deutsch fast genauso: virtuelle Realität, kurz VR.**

Virtuell bedeutet hier: durch einen Computer erzeugt. Es geht also um mit dem Computer erzeugte, künstliche Welten, in die du abtauchen kannst. Dafür brauchst du eine ganz spezielle Brille.

**Nein, nicht so eine!**

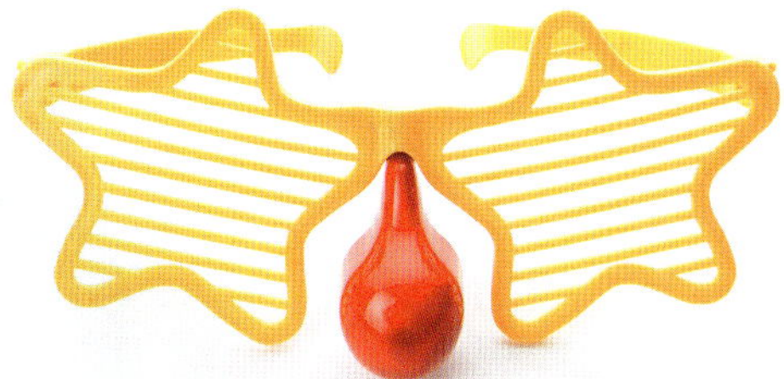

**Sogenannte VR-Brillen sehen so aus:**

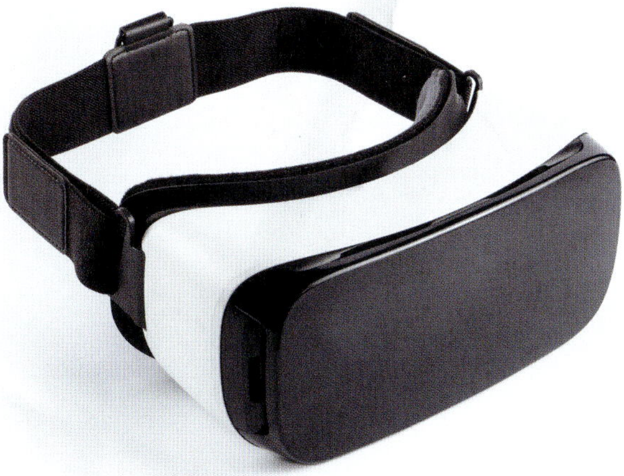

**In solche Brillen kannst du dein Handy stecken,** dann siehst du auf der Innenseite der Brille, sehr nah an deinen Augen, auf zwei Bildschirmen die virtuelle Welt. Du bist wirklich ein Teil von ihr: Du kannst den Kopf drehen, nach oben und unten schauen – **deine echte Umgebung nimmst du gar nicht mehr wahr.**

Dein Gehirn wird nämlich dabei ausgetrickst: **Du denkst, dass es echt ist, obwohl du weißt, dass es nicht echt ist.** Dieser Effekt wird als **Immersion** bezeichnet. Gerade in Fächern wie Biologie, Erdkunde, Kunst oder Geschichte gibt es so viele tolle Möglichkeiten, den vielleicht sonst etwas trockenen Schulstoff auf ganz neue, aufregende Art zu erkunden. **Wer ist schließlich schon mal mit Tintenfischen geschwommen oder war live bei einem Vulkanausbruch dabei?**

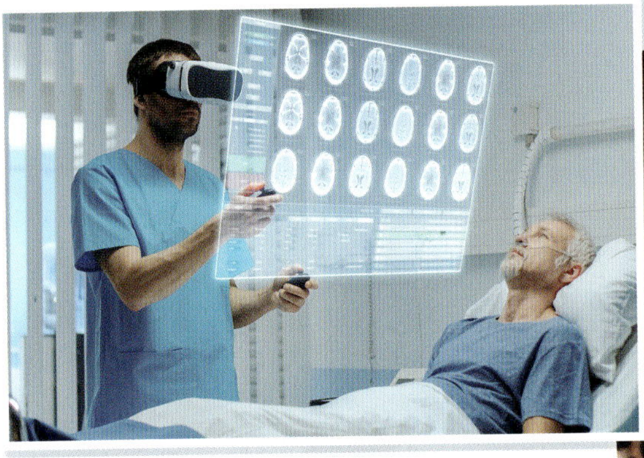

**Natürlich kann man VR-Brillen auch außerhalb der Schule einsetzen.** Manche **Krankenhäuser** nutzen sie zum Beispiel für spezielle Therapien gegen Ängste und Stress, aber auch in **Seniorenheimen** kommen sie zum Einsatz, wenn z. B. jemand das Bett nicht mehr verlassen kann. Auch die **Filmindustrie** experimentiert damit und natürlich werden sie auch in **Videospielen** benutzt.

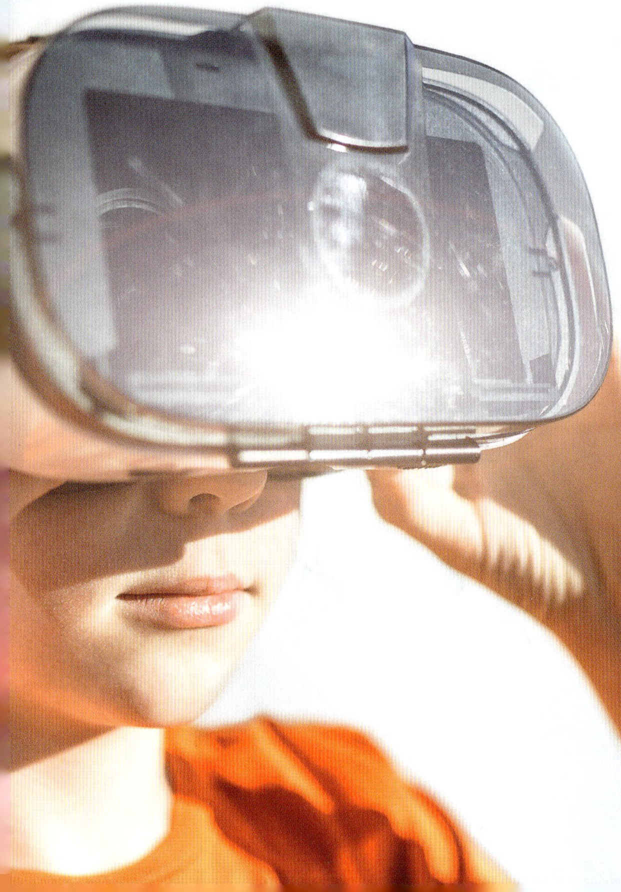

Diese Technik ist noch recht neu und daher leider ziemlich teuer. **Richtig gute Brillen kosten viele Hundert Euro.** Aber wenn uns die Geschichte der Digitalisierung was gelehrt hat, dann das:

**Man muss nur etwas warten. Je ausgereifter die Technik wird und je mehr Leute sich dafür begeistern, desto günstiger wird sie irgendwann.**

FRAGE gecheckt!

Eine ganz ähnliche Technik hat vor ein paar Jahren für Furore gesorgt. Genauer gesagt, ein Spiel: **Pokémon go.** Vielleicht hast du es ja sogar selbst schon gespielt, denn inzwischen wurde es schon über eine Milliarde Mal runtergeladen! **In diesem Spiel kannst du in der echten Welt virtuelle Fantasiewesen fangen und gegeneinander kämpfen lassen.** Dafür brauchst du aber keine Brille, sondern nur dein Handy oder ein Tablet.

Die Technik, die dieses Spiel benutzt, nennt sich **Augmented Reality**, kurz AR. **Auf Deutsch heißt das „erweiterte Realität". Es ist also die Vermischung einer virtuellen Welt und der realen Welt.** Der Computer in deinem Handy erkennt, wo du dich befindest, und blendet dann Informationen dazu ein. Das können kleine bunte Monster sein, aber auch Infos zu einem besonderen Bauwerk vor dir, einem Gegenstand in deiner Hand oder auch der Nachthimmel, bei dem dir die Sternbilder angezeigt werden.

Virtuelle Realitäten, erweiterte Realitäten – kommen wir nun zu meiner Lieblingsrealität, in der die Digitalisierung ebenfalls zu Spiele-Fortschritten geführt hat: **die reale Realität**. Also dein ganz normales Leben. Als ich in eurem Alter war, fand ich das hier megacool:

Dank der Digitalisierung gibt es dagegen heutzutage **ferngesteuerte Spielzeuge**, da habe ich als Kind nur von geträumt! Die Rede ist natürlich von **Drohnen**. Find ich mega! Vor allem, wenn sie auch noch Kameras dranhaben und man damit filmen kann.

**Das fanden die Menschen übrigens schon vor knapp 150 Jahren cool.** Guckt mal hier, das ist sozusagen die Ur-Ur-Urgroßmutter aller Drohnen, erfunden 1889 von dem Franzosen Arthur Batut. Er baute einen Drachen, mit dem er Luftbildaufnahmen machen konnte.

**Ich hätte so eine Drohne in meiner Kindheit jedenfalls sehr abgefeiert – auch, wenn ich den Drachen, also meine Drohne, wahrscheinlich in kürzester Zeit geschrottet ins Nirgendwo geflogen und verloren hätte.
Passiert ja wahrscheinlich öfter, dass Drohnen verloren gehen. Oder?**

**Das check ich für euch!**

Weil Drohnen vier Rotoren haben, nennt man sie übrigens auch Quadrokopter. Übersetzt heißt das: Vierflügler.

Wenn du diese vier Rotoren anwirfst und den Luftraum unsicher machst, kann es schon mal vorkommen, dass die Drohne die Verbindung zu deiner Steuerung verliert.

Checker FRAGE?

## Können sich Drohnen verirren?

Deswegen muss man vor Abflug immer das Zuhause der Drohne angeben, also den Ort, von wo man losfliegt. In der Drohnen-Fachsprache heißt das: **Homepoint**. Das ist Englisch und besteht aus den Begriffen „Home“, also Zuhause, und „Point“, Punkt. Wenn sich die Drohne also verirrt, kann sie zumindest immer jemanden nach dem Weg fragen. Nein, Spaß. Das muss eine Drohne gar nicht. **Denn eine Drohne hat, ähnlich wie beim Auto, ein kleines Navi eingebaut.**

## Das Navi tauscht mit Satelliten im Weltall ständig Informationen über den Standort der Drohne aus.

Und weil, wie ihr wisst, in einem Navi auch Landkarten eingespeichert sind, weiß die Drohne immer, wo sie sich befindet und fliegt automatisch den Homepoint an, wenn der Kontakt zu euch mal abbricht.

FRAGE gecheckt!

# ZEIT FÜR WUNSCHDENKEN

**Auch wenn es diese ganzen tollen digitalen Spielereien gibt, machen zum Glück die alten analogen Spiele immer noch mindestens genauso viel Spaß.** Ganz ohne Technik.

Alles, was du brauchst, ist etwas, dass du von Natur aus hast: **Fantasie.**

Oder wie Albert Einstein es sagte:

**„Fantasie ist wichtiger als Wissen, denn Wissen ist begrenzt. Fantasie aber umfasst die ganze Welt."**

Und weil das so ist, sieht der Mitmach-Check diesmal so aus: **leer.**

**Schnapp dir Stifte und dann geht's los:**

- Welchen Ort würdest du im Unterricht gerne mal besuchen?
- Wer wärst du als Videospiel-Figur?
- Wie sieht dein Traumhaus aus?
- ...

# KÜNSTLICHE INTELLIGENZ & ROBOTER

Als letztes Kapitel habe ich mir etwas Spannendes aufgehoben, auf das sich vor allem Roberta die ganze Zeit gefreut hat: künstliche Intelligenz und Roboter.

Und weil das ein ganz besonderes Kapitel für Roberta ist, stellt sie diesmal auch die Checker-Fragen – denn, wenn es eine Expertin für dieses Thema gibt, dann ja wohl sie, oder, Leute?
**Also, Roberta: Schieß los!**

**Okay, Tobias, hier ist meine Frage!**

**Checker? FRAGE**

**Was ist gemeint, wenn man von künstlicher Intelligenz spricht?**

**Alles klar, Roberta, das check ich!**

**Menschliche Intelligenz sitzt im Gehirn,** und die wichtigsten Bausteine sind **Milliarden von Neuronen, die miteinander zu einem komplizierten Netzwerk verbunden sind.** So ergeben sich unvorstellbar viele Kombinationsmöglichkeiten – was das Gehirn so leistungsfähig und den Menschen intelligent macht.

**Ein Computer hat aber kein Gehirn.** Wenn wir das menschliche Gehirn mit einem Computer-Prozessor vergleichen, ist der große Unterschied, dass Computer von Menschen programmiert sind. Sie können also eigentlich immer nur so schlau sein wie der jeweilige Entwickler. Lange Zeit hat das auch gestimmt. **Doch inzwischen gibt es tatsächlich intelligente Computersysteme, die versuchen, menschliches Denken nachzuahmen.**

Nehmen wir mal Roberta als Beispiel, wie sie gelernt hat, wer ich bin: Normale Computer können nur Bilder wiedererkennen, die sie schon mal gesehen haben. **Ein Computer lernt Bilder sozusagen auswendig. Eine KI wie Roberta kann aber auch Bilder von mir erkennen, die sie vorher noch nie gesehen hat!**

Das funktioniert ungefähr so wie bei kleinen Kindern: Ein Kind muss mehrmals eine Katze sehen und erfahren, dass es sich um eine Katze handelt, bis es sie erkennen kann. **Kindern lernen dabei die Eigenschaften einer Katze, also: Fell, spitze Ohren, Schnurrhaare, Pfoten = Katze.**

**Und genauso war es mit Robertas künstlicher Intelligenz.** Mit der Zeit hat sie die Eigenschaften gelernt, anhand derer man mich erkennt:

FRAGE gecheckt!

Robertas künstliche Intelligenz hat anfangs noch andere blonde, coole Typen für Checker Tobi gehalten, aber **je mehr Bilder sie gesehen hatte, desto besser wurde es. Und inzwischen kann sie mich immer verwechslungsfrei erkennen.**

Sowieso dringt künstliche Intelligenz in immer mehr Bereiche des Lebens vor: zum Beispiel **in der Medizin**, wenn **intelligente Computerarme** Ärzte bei komplizierten Operationen unterstützen. Oder dank **künstlich intelligenter Prothesen** Menschen wieder richtig greifen oder besser laufen können.

Du findest künstliche Intelligenz wahrscheinlich aber auch ganz in deiner Nähe: zu Hause bei Geräten wie **„Alexa“** oder als Sprachassistenten wie **„Siri“ im Handy**.

**Spannend wird es vor allem dann, wenn mehrere künstliche Intelligenzen zusammenarbeiten.** Zum Beispiel bei selbstfahrenden Autos.

**Hey, Tobias, hier ist meine Frage!**

Checker FRAGE

## Wieso können Autos selbstständig fahren?

**Alles klar, Roberta, das check ich!**

**Um das zu checken,** bin ich an die Technische Universität in München gegangen. Dort werden künstliche Intelligenzen (KI) für Autos entwickelt, mit denen ihr vielleicht irgendwann in der Zukunft fahren werdet.

**In einer riesigen Halle wird der echte Straßenverkehr nachgeahmt** – und der ist im echten Leben reichlich kompliziert: Muss ich hier **abbiegen?** Soll ich **bremsen? Überholen?** Reicht der Platz oder kommt mir was entgegen? Und wo ist bloß die nächste Toilette?

**Viele Fragen müssen oft gleichzeitig beantwortet werden! Für uns Menschen ist das kein Problem – für ein Computersystem aber eine riesige Herausforderung!**

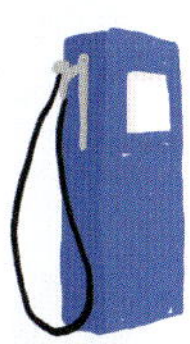

Deswegen werden in ein autonomes Auto mehrere KI verbaut: Eine achtet auf die **Straßenschilder**, eine andere kümmert sich darum, dass das Auto **möglichst sparsam** fährt – und mit der Zeit lernt das Auto sogar, wie es fahren muss, damit **möglichst wenig Stau** entsteht.

Das wollte ich natürlich unbedingt mit einem **Testlauf** selbst ausprobieren. **Um es etwas schwieriger zu machen, hab ich sogar noch ein paar unbekannte Hindernisse eingebaut.** Ich war gespannt, ob das dieses kleine Roboter-Auto wirklich schaffen würde.

**Und was soll ich sagen? Das Auto hat keinen einzigen Unfall gebaut, sondern hat meinen Sonder-Parcours souverän gemeistert!**

Wenn das also geht – wieso sieht man dann nicht überall schon selbstfahrende Autos? Weil es eben doch noch einige ungelöste Fragen gibt: zum Beispiel, **was passiert, wenn es so neblig ist, dass eine KI einen Fußgänger zu spät erkennt?**

**Dann muss die künstliche Intelligenz blitzschnell entscheiden:** Fährt sie einfach geradeaus und nimmt in Kauf, dass sie den Fußgänger womöglich schwer verletzt? Oder weicht sie aus und gerät vielleicht in den Gegenverkehr? Oder fährt sie dabei sogar in ein anderes Hindernis am Straßenrand und gefährdet die eigenen Insassen?

**Die KI müsste also über Menschenleben entscheiden – und ob wir so eine wichtige Entscheidung Computern überlassen wollen, darüber sind sich die Forscher und Experten noch nicht einig.**

**Wenn es irgendwann so weit ist, könnten vielleicht tatsächlich alle Autos selbst, also autonom, fahren.** Diese autonomen Autos sollen dann übers Internet alle miteinander verbunden sein, dann gäbe es auch weniger Staus. Man wäre also schneller am Ziel – und hätte trotzdem noch während der Fahrt Zeit, zusammen zu spielen.

Gerade **in einem Haus** kann künstliche Intelligenz schon in naher Zukunft sehr viel verändern: **Durch das Internet der Dinge werden viele Geräte automatisch funktionieren. Aber was ist das genau?**

**Tobias, schau mal!**

**Checker? FRAGE**

## Was ist das Internet der Dinge?

**Das check ich, Roberta!**

Um diese Frage zu checken, war ich in einem Gebäude, in dem fast alles mit KI gesteuert wird: **ein intelligentes Haus, auch „Smarthome" genannt.** Nicht nur, dass ich es mit einem Fingerabdruck öffnen konnte, es reagierte auch auf meine Stimme:

**Licht anschalten, Rollläden bedienen, den Backofen anmachen – alles funktionierte auf meinen Befehl hin.**
Sogar meinen Musikgeschmack kannte es! Verrückt, oder? **In einem intelligenten Haus sind die meisten Geräte mit dem Internet verbunden und können sozusagen Nachrichten verschicken.**
Forscher nennen das: **Das „Internet der Dinge".**

**Der Kühlschrank erkennt, dass die Milch alle ist, und die Kaffeemaschine weiß, wann ich am liebsten frühstücke.** Oder auch die Heizung! Sie merkt, wenn keiner da ist, und regelt automatisch die Temperatur runter. All diese Infos werden dann von einer künstlichen Intelligenz überwacht und gesteuert.

**Im Haus gibt es dafür eine Schaltzentrale.** Von hier aus kann man alles steuern. Sogar von unterwegs per App: Ich kann zum Beispiel über mein Handy in den Kühlschrank gucken oder werde gewarnt, wenn noch ein Fenster offen ist.

In Zukunft wird es in Häusern immer schlauere KI geben, die immer selbstständiger arbeiten. **Und damit kein Hacker sich ins System schmuggeln und alles fremdsteuern kann,** gibt es zusätzliche Computerprogramme, die das Haus schützen. **Ganz schön intelligent, dieses Internet der Dinge!**

**FRAGE gecheckt!**

**Aber nicht nur das** – auch in anderen Bereichen hat die KI-Forschung mächtige Fortschritte gemacht. **Inzwischen können neben Roberta auch andere Maschinen menschliche Gefühle erkennen!** Wenn du beispielsweise Angst hast oder wütend bist, schlägt dein Herz schneller. Das führt dazu, dass mehr Blut durch deinen Körper gepumpt wird und sich deine Gesichtsfarbe ändert. Vielleicht nur so leicht, dass es für andere oder dich selbst gar nicht erkennbar ist – für die KI aber schon. **Und so weiß der Computer, wie es dir gerade geht.**

**Computer sagt: fröhlich – und er hat recht!**

Wissenschaftler, die an solchen Techniken forschen, glauben, dass Maschinen deswegen noch besser in unseren Alltag eingebunden werden können. **Zum Beispiel könnten Roboter dann erkennen, ob wir krank sind, und uns unterstützen.**

**Es gibt aber auch viele Menschen, die Angst vor so einer Entwicklung haben.** Sie wollen nicht bevormundet werden und haben auch keine Lust, dass alle ständig wissen können, wie es ihnen geht. Diese Gefühls-Daten sind also ein heikles Thema, und alle sind sich einig, dass es dafür richtige Regeln und Gesetze braucht, bevor so eine Technik zugelassen werden darf.

**Überhaupt beschäftigt die Frage, was Roboter tun dürfen und was nicht, die Menschen schon lange.** Der Schriftsteller Isaac Asimov hier hat sich schon vor über 80 Jahren besonders dafür interessiert.

**Isaac Asimov hat Geschichten über Roboter geschrieben** und sich genau überlegt, welche Regeln man für das Zusammenleben von Mensch und Maschine so bräuchte. Bisher hat man diese Regeln noch nicht gebraucht, weil noch nie ein Roboter gebaut wurde, der so schlau ist und so eigenständig handeln kann wie ein Mensch. Aber das kann ja noch kommen ...

## Die drei Roboter-Gesetze von Isaac Asimov

§

1. Ein Roboter **darf keinen Menschen verletzen** und **darf nicht zulassen, dass einem Menschen was passiert**.

2. Ein Roboter muss **den Befehlen eines Menschen gehorchen** – es sei denn, ein solcher Befehl widerspricht dem ersten Gesetz.

3. Ein Roboter muss seine eigene Existenz schützen, **solange er damit nicht den ersten beiden Gesetzen widerspricht.** Das heißt also, das Leben eines Menschen ist immer wichtiger als ein Roboter.

**Also, Roberta – du weißt, was du zu tun hast!**

Checker FRAGE

# Wie können Roboter Fußball spielen?

Ich stell schon mal die nächste Frage, Tobias!

**Auch wenn Roboter noch nicht so viel können wie ein Mensch,** spielen sie immerhin schon so gut Fußball, dass sie bis zum Jahr 2050 gegen echte Menschen antreten sollen.

Wie machen die das?

Das check ich für euch, Roberta!

**Um das zu checken,** bin ich an die Universität nach Erlangen. Dort haben Studenten Fußballroboter entwickelt und damit sogar den 4. Platz bei der **Fußballroboter-WM** gewonnen!

**Statt Beine haben ihre Roboter unten Räder.** Und viele kleine Räder drum herum sorgen dafür, dass sie richtig wendig sind und sich fix in jede Richtung bewegen können. Als Fuß dient eine Metallklappe. Die schaufelt sich unter den Ball und kann ihn dann hochschießen. **Ein bisschen wie bei Tipp-Kick.**

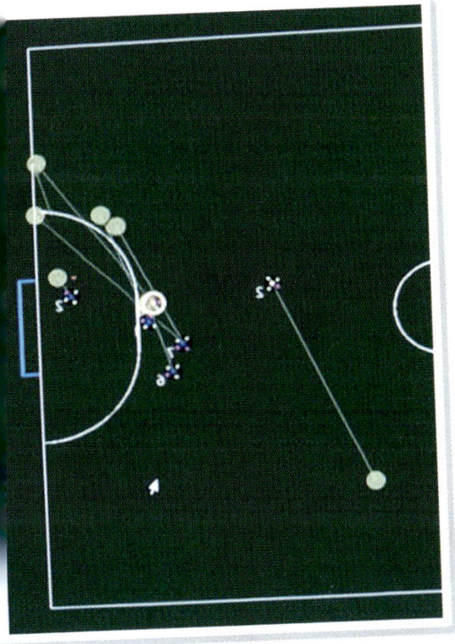

**Damit die Roboter selbstständig spielen können, verfolgen Kameras die ganze Zeit ihre bunten Punkte.** Diese Farbinformationen schicken sie dann an einen Computer. Der berechnet, wie die Roboter fahren und wohin sie schießen müssen. **Über Funk schickt der Computer die Befehle dann sekundenschnell zu den Robotern zurück!**

**Solche autonomen, also selbstständigen Roboter** gibt es aber nicht nur fürs Fußballspielen, sondern auch in der **Industrie**. Zum Beispiel fahren im Hafen kleine Wägen die großen Schiffscontainer selbstständig an den richtigen Platz!

Wie bei den Fußball-Robotern berechnet auch hier ein Computer, wohin die Wagen fahren müssen. **Sie können sich sogar gegenseitig ausweichen, damit sie keinen Unfall bauen.**

Dasselbe Prinzip hast du vielleicht auch schon mal im Alltag gesehen: Seit einigen Jahren gibt es nämlich kleine **Saug- und Wischroboter**, die den Menschen diese Arbeit zu Hause abnehmen.

# WAS IST EIN TURING-TEST?

**Dieser Test, benannt nach seinem Erfinder Alan Turing, ist ein Prüfverfahren für die Intelligenz einer Maschine im Vergleich zu der eines Menschen.**

Der Turing-Test geht so: Ein Mensch unterhält sich schriftlich sowohl mit einem Menschen als auch mit einem Computer – er weiß aber vorher nicht, welcher seiner beiden Gesprächspartnern der Computer ist und welcher der Mensch.

Wenn der Mensch es auch nach dem Gespräch nicht sagen kann, dann hat die Maschine bewiesen, dass sie genauso gut denken kann wie ein Mensch – und damit den Turing-Test bestanden. **Was aber noch nie vorgekommen ist.**

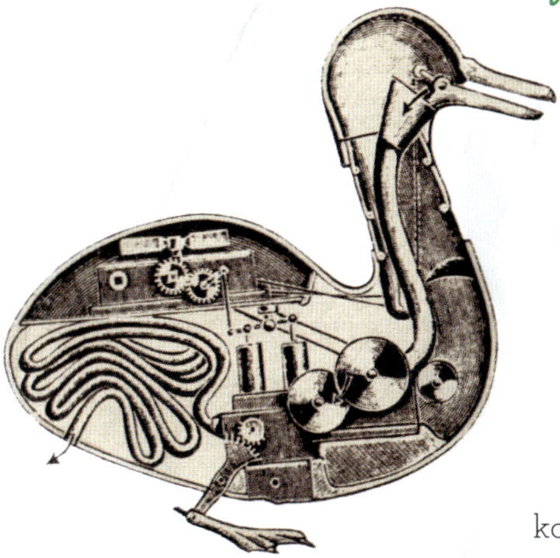

**Die Menschen wünschen sich übrigens schon seit langem,** dass Maschinen ihnen lästige oder schwere Arbeiten abnehmen. In der Antike hat man Türen und Statuen in manchen Tempeln mit Dampf und Schnüren bewegt. **Das verblüffte die Leute bestimmt genauso wie die komplett mechanische Ente von Jaques de Vaucanson aus dem Jahr 1738.**

**Diese Roboter-Ente bestand aus mehr als 400 beweglichen Einzelteilen**, konnte mit den Flügeln flattern, schnattern und Wasser trinken. Sogar kacken konnte sie! Dank einer chemischen Substanz und einem Schlauch als künstlichem Darm verdaute sie Körner fast wie eine echte Ente!

**Schon früher waren die Menschen also fasziniert von den technischen Möglichkeiten und dem Leistungsvermögen eines Roboters.** Trotzdem konnten sie damals nicht ahnen, dass wir heute von ihnen in der Industrie, bei Operationen, im Haushalt oder auch in der Pflege unterstützt werden. Und ebenso wenig können wir uns heute vorstellen, was Computer, Roboter und künstliche Intelligenz in Zukunft tatsächlich noch zu leisten vermögen.

**Wir können also gespannt sein, was die Zukunft noch so bringt – sicher ist nur, dass die Digitalisierung noch weiter voranschreiten und noch mehr Raum in unserem Leben einnehmen wird.** Was total spannend und cool ist – solange wir daran denken, selbst Dinge zu erledigen und nicht alles den Computer machen zu lassen. **Sonst sehen wir nämlich alle wirklich irgendwann so aus.**

# KREUZWORTRÄTSEL

## Na, habt ihr euch ein paar Begriffe der Digitalisierung gemerkt?

Wer aufmerksam gelesen hat, wird dieses Rätsel lösen können.

### Waagerecht

5 Eigentlich „nur“ eine Rechenmaschine. Heute hat fast jeder so ein Gerät zu Hause.

6 Tolles Spielzeug, das man per Fernsteuerung fliegen lassen kann.

7 Wenn Tobis Eltern dieses Gerät früher schon gehabt hätten, wären die Fahrten in den Urlaub friedlicher verlaufen ...

9 Das weltweite Computernetzwerk nennt man ...

10 Fieses Programm, das deinen Computer bedroht

### Senkrecht

1 Womit Computer „denken“ können – und Robertas Lieblingsthema (2 Wörter)

2 Die Art von Film, die Tobi am meisten liebt

3 Anderer Begriff für ein modernes Handy (englisch)

4 Gerät, das die Erde auf einer Umlaufbahn umkreist und ohne dessen Funksignale unsere Handys nicht funktionieren würden.

8 Person, die viele Follower auf Youtube oder Instagram hat und die die Meinung ihrer Fans beeinflusst (englischer Begriff).

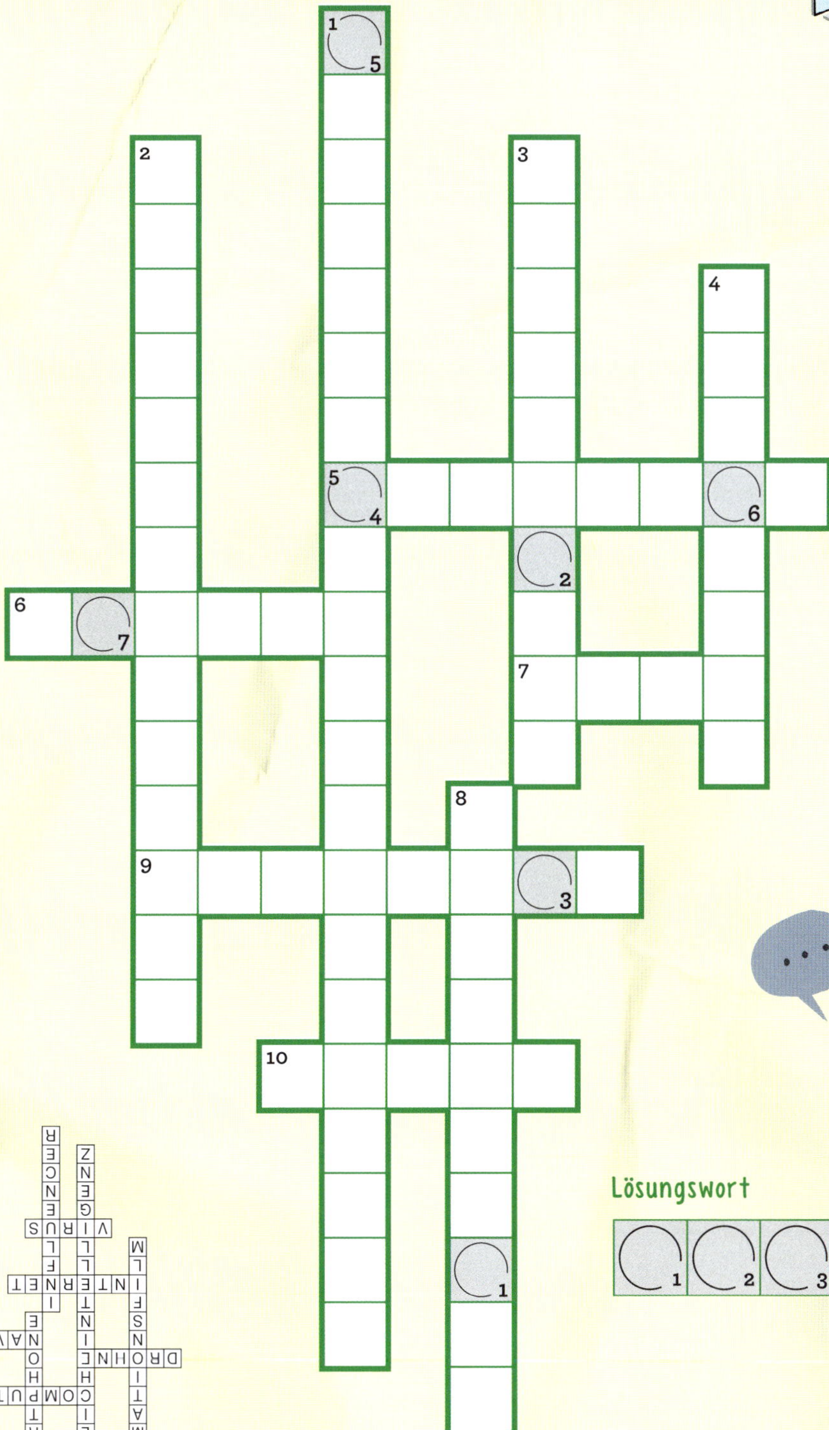

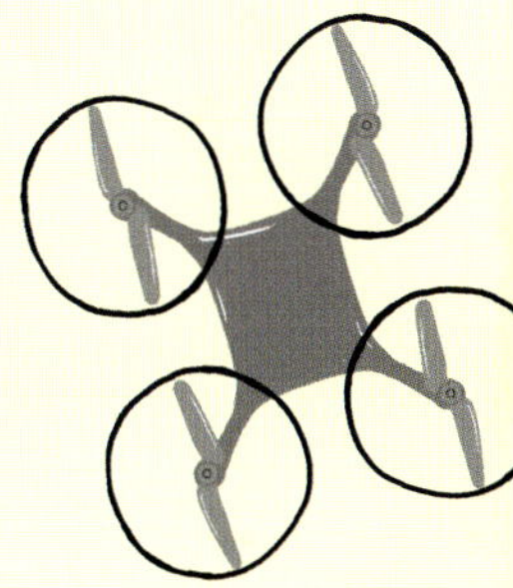

Lösungswort

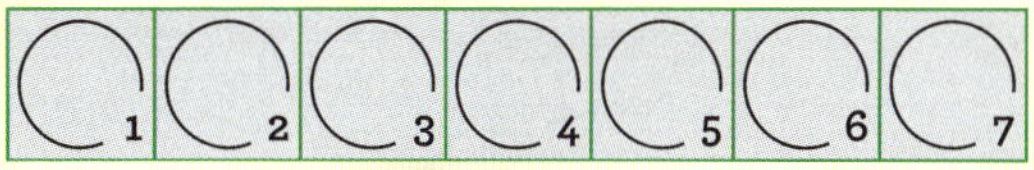

Lösungswort: Checker

# SO, LEUTE!

## Das war unser großer Digital-Check!

**Superspannend und mega abgefahren, in wie vielen Bereichen des Lebens Computer bereits nicht mehr wegzudenken sind!**

Oder hättest du gedacht, dass Container am Hafen von Maschinen herumgefahren werden? Dass Bäume E-Mails bekommen können oder in jeder einzelnen Minute über 500 Stunden Videomaterial auf Youtube hochgeladen werden? Also, ich nicht!

## Die Digitalisierung hat krassen Einfluss auf uns alle.

**Jeden Tag kommt was Neues dazu, ersetzt etwas Altes und verändert dadurch unser Leben.** Doch auch wenn die Digitalisierung für uns Menschen auf vielen Ebenen eine große Erleichterung darstellt und die Möglichkeiten verführerisch sind, dürfen wir nicht vergessen, dass wir immer noch Menschen sind, die vor allem eines brauchen: **andere Menschen**. Die Gefahr ist schon groß, dass wir die ganze Zeit aufs Handy oder sonst irgendeinen Bildschirm glotzen.

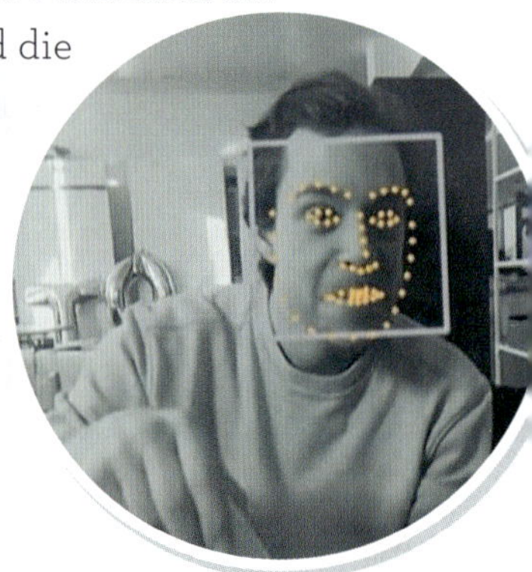

**Das Problem dabei ist, dass wir dabei die Dinge verlernen, die uns als Menschen ausmachen.** Denn wir Menschen können dank unserer Intelligenz zwar Dinge lernen – aber eben auch wieder verlernen, wenn wir sie nicht benutzen.

**Also macht öfter mal das Handy aus, schaltet den Fernseher ab und geht raus.** Trefft reale Menschen. Sprecht, lacht und spielt mit ihnen. Klettert auf Bäume und klaut Äpfel – selbst, wenn das in ein paar Jahren Roboter für euch erledigen könnten. **Denn etwas selbst zu machen und zu erfahren, macht immer noch am meisten Spaß!**

Den hatte ich auf jeden Fall bei unserer Reise in die digitalen Welten. Ich hoffe, ihr auch.

**Checkt doch mal die anderen Bücher oder die Hörspiele. Vielleicht ist ja was für euch dabei.**

**Also bis bald.**

**Ich freu mich drauf!**

**Euer**

© Hans-Florian Hopfner

**Tobias Krell,** geboren 1986 in Mainz, absolvierte sein Masterstudium an der Filmuniversität »Konrad Wolf« in Potsdam-Babelsberg und stand als Reporter und Filmkritiker von 2008–2014 für DAS DING.tv, dem jungen Programm des SWR, vor der Kamera. 2012 setzte er sich im Checker-Casting gegen 160 Mitbewerber durch. Seither hat er weit mehr als 100 Folgen »Checker Tobi« sowie diverse Sondersendungen und Spinoffs gedreht. Für seine Arbeit als Moderator wurde er u. a. mit dem Nachwuchsförderpreis des Bayrischen Fernsehpreises ausgezeichnet (2016) und war für den Grimme-Preis nominiert (2017). Ebenfalls sehr erfolgreich lief sein Dokumentar-Kinderfilm »Checker Tobi und das Geheimnis des Planeten« 2019 in den Kinos.

© uebelmitgespielt

**Gregor Eisenbeiß** schreibt sich seit seinem Diplom 2009 an der Filmakademie Band-Württemberg (Drehbuch) vielfältig durch die deutsche Medienlandschaft: Kino (»Blacktape«), Serien für Kinder (»Tiere bis unters Dach«, »Die Muskeltiere«) oder für Erwachsene (»Alle Jahre wieder«, »Im Knast«, diverse Krimis) gehören genauso zu seinem Repertoire wie preisgekrönte Werbung (»Tasty Tasches«). Dafür wurde er inzwischen mehrfach ausgezeichnet, u. a. mit dem Baumhaus/Boje-Medienpreis der Akademie für Kindermedien oder dem German Design Award (Gold) der Bundesrepublik Deutschland.

© Hans-Florian Hopfner

**Carolin Flammang** absolvierte nach einem Studium der Kunst- und Theatergeschichte an der Ludwig-Maximilians-Universität München eine Ausbildung zur Kommunikationsdesignerin. Seitdem lebt und arbeitet sie als Grafikdesignerin, Motion Designerin und Illustratorin in München. Zu »Checker Tobi« hat Carolin einen ganz besonderen Bezug. Sie ist bereits seit einigen Jahren für die Illustrationen und Animationen in der Wissenssendung verantwortlich.

# DAS CHECKER-TOBI-MEMOSPIEL

**Festplatten, USB-Sticks, Chips oder Speicherkarten – es gibt viele Möglichkeiten, Daten zu speichern.** Den größten und besten Speicherplatz besitzen allerdings immer noch wir: unser Gehirn.

Schnapp dir eine Schere und ein paar Mitspieler und schon geht's los.

Checker Tobi

# Der große Gefühle-Check: Freude, Wut, Traurigkeit – Das check ich für euch!

112 Seiten, ISBN: 978-3-570-17855-3

Woher kommt es, dass wir manchmal rot sehen, wenn wir wütend sind? Oder dass wir zittern vor Angst? Und dass wir am liebsten in die Luft springen würden, wenn wir uns ganz doll freuen? All diese Gefühle kennt jeder. Aber was wissen wir eigentlich darüber?

Checker Tobi stellt die Checkerfragen, die Kinder interessieren. Er spricht mit Experten und lässt sich die Basisemotionen erklären und was dabei in unserem Körper vorgeht. Mit vielen Fotos aus den Sendungen, Illustrationen und tollen Mitmach-Checks.

Die neue Kindersachbuchreihe um den beliebten TV-Star Checker Tobi

8422

www.cbj-verlag.de

Bei diesem Buch wurden die durch das verwendete Material und die Produktion entstandenen $CO_2$-Emissionen ausgeglichen, indem der cbj-Verlag ein Projekt zur Aufforstung in Brasilien unterstützt. Weitere Informationen zu dem Projekt unter: www.ClimatePartner.com/14044-1912-1001

Penguin Random House
Verlagsgruppe FSC® N001967



1. Auflage 2021

Umschlaggestaltung und Layout: Kathrin Schüler
Umschlag- und Innenillustrationen: Carolin Flammang / megaherz
Umschlagfoto: Hans-Florian Hopfner / megaherz
Bildredaktion: Tanja Zielezniak
Text: Gregor Eisenbeiß
TP · Herstellung: AJ
Satz: Kathrin Schüler, Berlin
Reproduktion: Lorenz & Zeller, Inning a. A.
Druck: DZS Grafik d.o.o., Ljubljana
ISBN 978-3-570-17856-0
Printed in Slovenia

www.cbj-verlag.de

Dieses Buch ist auch als E-Book erhältlich.

**Quellen- und Bildverzeichnis**

Aus folgenden Checker-Tobi-Folgen wurde Material verwendet:
Internet-Check, Bus-Check, Nachrichten-Check, Detektiv-Check, Viren-Check, Geld-Check, Handy-Check, Lügen-Check, Mode-Check, Fotografie-Check, Schlaf- und Schnarch-Check, Werbe-Check, Animations-Check, Liebe- und Knutschen-Check, Intelligenz-Check, Drohnen-Check, KI-Check, Roboter-Check, alle: © megaherz / Bayerischer Rundfunk
Illustrationen: Carolin Flammang / megaherz
Checker-Tobi-Fotos: Hans-Florian Hopfner / megaherz
Alle weiteren Abbildungen: Akg Images: S. 99 o. (Fototeca Gilardi); Alamy Stock Photo: S. 13 (Zoonar GmbH), S. 65 re. u. (Photo 12), S. 68 re. (ARCHIVIO GBB), S. 75 u. (Retro Ark), S. 77 m. (M4OS Photos), S.84 u. (History and Art Collection); Bridgeman Images: S. 65 li. u. (Images_Granger); iStockphoto: S. 36 o. (btkstudio), S. 39 (juststock), S. 57 (scyther5), S. 65 li. o. (hocus-focus), S. 81 m. (bombuscreative), S. 82 li. o. (gorodenkoff), S. 82 re. o. (guruXOOX), S. 85 (mikkelwilliam), S. 97 u. (Lightspruch); Mauritius Images: S. 14 o. (PJF Military Collection), S. 35 u. (IanDagnall Computing / Alamy), S. 40 (blickwinkel), S. 76 o. (Kevin Britland / Alamy), S. 76 m. (ArcadeImages / Alamy), S. 78 o., S. 78 u., S. 79 o. (Christopher Heil / Alamy); Picture Alliance: S.56 m. (dpa_Frank / Rumpenhorst), S. 68 li. (ZB / Oliver Killig), S. 73 o. (Stephan Rumpf), S. 84 o. (Tom Nicoll/Shotshop), S. 96 li. u. (dpa / Can Merey); Shutterstock.com: S. 15 (Fernando Macias Romo), S. 24 u. (ra2 studio), S. 25 (Rawpixel.com), S. 31 (TrifonenkoIvan), S. 35 o. (TongRoRo), S. 35 m. (Lautaro Federico), S. 36 li. u. (George Fairbairn), S. 37 u. (Sunshine Studio), S. 38 u. (Preto Perola), S. 46 m. (Tom Wang), S. 49 li. (GaudiLab), S. 49 re. (ulyana_andreeva), S. 50 (Liliya Kulianionak), S. 52 o. (Wachiraphorn Thongya), S. 53 o., S. 53 m. (solomon7), S. 53 u. (tanuha2001), S. 55 m. (Simbert Brause), S.56 li. u. (Vladimir Arndt), S. 56 re. u. (Dominionart), S. 60 o. (Dana Keli), S. 60 m. (Zyabich), S. 60 u. (dennizn), S. 63 o. (Oxie99), S. 63 re. m. (Picsfiv), S. 63 re. m. (Carolyn Franks), S. 63 re. u. (Thirteen), S. 63 li. o. (Piyawat Nandeenopparit), S. 63 li. m. (MeteeChaicharoen), S. 63 li. u. (Klimatis019), S. 64 u. (pui_bunny), S. 66 re. u. (Sundry Studio), S. 66 li. u. (solomon7), S. 67 o. (UI), S. 69 re. o. (Kotomka Studio), S. 69 li. o. (Iryna Imago), S. 72/73 u. (Early Spring), S. 74/75 Pixel (V O R T E X), S. 76/77 u. (K-Smile love), S. 76 u. (JR Moreira), S. 77 o. (MicroOne), S. 77 u. (icemanphotos), S. 79 u. (Roman Kosolapov), S. 80 (Gorodenkoff), S. 81 o. (Nomad_Soul), S. 81 u. (Zyabich), S. 82 u. (jantsarik), S. 83 o. (Elena Schweitzer), S. 83 m. (Matthew Corley), S. 83 u. (Gorodenkoff), S. 97 m. (Edwin Muller Photography); Ullstein Bild: S. 42 (ullstein bild); Wikimedia Commons: S. 14 u. (Thomas Nguyen (https://commons.wikimedia.org/wiki/File:Intel_C4004.jpg), https://creativecommons.org/licenses/by-sa/4.0/legalcode); S. 19 li. o. (markus228. Markus228 at German Wikipedia (https://commons.wikimedia.org/wiki/File:Seekabel.jpg), „Seekabel“, https://creativecommons.org/licenses/by-sa/3.0/de/legalcode); S. 66 re. o. (Jorge Royan / http://www.royan.com.ar / CC BY-SA 3.0 (https://commons.wikimedia.org/wiki/File:Oxford_-_Ultimate_Palace_Cinema_-_0094.jpg), „Oxford - Ultimate Palace Cinema - 0094“, https://creativecommons.org/licenses/by-sa/3.0/legalcode); S. 66 li. o. (Berthold Werner (https://commons.wikimedia.org/wiki/File:Bauer_Bosch_Video_Kamera.jpg), „Bauer Bosch Video Kamera“, https://creativecommons.org/licenses/by-sa/3.0/legalcode); S. 75 o. (Brookhaven National Laboratory (BNL), (https://commons.wikimedia.org/wiki/File:Tennis_For_Two_on_a_DuMont_Lab_Oscilloscope_Type_304-A.jpg), „Tennis For Two on a DuMont Lab Oscilloscope Type 304-A“, als gemeinfrei gekennzeichnet, Details auf Wikimedia Commons: https://commons.wikimedia.org/wiki/Template:PD-US); S. 98 (Unknown authorUnknown author. „Public Domain“ according to [1]. (https://commons.wikimedia.org/wiki/File:Alan_Turing_az_1930-as_években.jpg), „Alan Turing az 1930-as években“, als gemeinfrei gekennzeichnet, Details auf Wikimedia Commons: https://commons.wikimedia.org/wiki/Template:PD-old)

HEIMKEHR
EREMITAGE